보이는 경제학
안 보이는 경제학

보이는 경제학 안 보이는 경제학

Economics in One Lesson

지금 당장 눈에 보이지 않는 곳을

길고 넓게 봐야 경제가 제대로 보인다

헨리 해즐릿 지음
김동균 옮김

DKJS
디케이제이에스

급격한 경제정책은 언제나 부작용을 초래한다. 좋은 의도라며 실행한 경제정책이 그 의도와 정반대의 결과를 내는 경우도 왕왕 있다. 그 결과가 실제로 어떻게 나타날지 모르고 선거 때가 되면 대중은 눈앞의 달콤한 공약에 쉽사리 넘어가고 만다.

나는 전부터 급격하고 과격한 경제정책이 얼마나 위험한지 경고해왔다. 하지만 선거 때나 그 이후나 일반 대중은 물론이고 정치 지도자들마저 이러한 경고에 귀 기울이지 않고 '경제학의 상식'에 반해서 싸우려 들고 적대감을 갖고 비판자들을 공격하곤 한다. 그때마다 나는 경제에 대한 국민과 정치 지도자들의 이해가 얼마나 부족한지 절감하고 이것이 한국 경제의 앞날을 어둡게 만드는 근원적 문제라고 우려해왔다.

만유인력을 거스를 수 없듯, 경제의 일정 원리도 거스를 수 없는 공리에 해당한다. 그런데 사회를 디자인하고 재설계하면 구성원들이 기계 부품처럼 새로운 질서에 따라 움직일 거라고 착각하고 '좋은 뜻'을 앞세우면서 경제 원리에 대항하려는 우매함이 나라를 지배하고 있다. 반反 시장, 반反 기업 선동이 우리 사회를 너무 오래 지배해왔고, 그래서 반 시장적인 주장이 마치 신화처럼 자리 잡고 있다. 우리만이 아니다. 어느 사회, 어느 시대나 사회주의, 계획경제, 국가주의로 시장을 지배하고 재단하고 재설계하려는 주장은 보통 사람들을 달콤한 언어로 유혹해왔다.

이 책은 그 달콤한 말에 대항해, 경제학을 공부하지 않은 일반인도 이해하기 쉽도록 쓰였다. 1946년에 초판이 발간되어 많은 언어로 번역돼 인류의 경제 IQ를 높여온 고전이다. 나도 경제지식네트워크의 경제 관련 유튜브 방송에서 '경제적 인간의 탐구'라는 코너를 이 책을 바탕으로 구성하고 있다. 이번에 이 책이 뒤늦게 한국어로 다시 번역 출간되니 뛸 듯이 기쁘다. 사실은 오래전부터 내가 번역해서 세상에 널리 알리고 싶었던 책이다. 지난 수십 년간 경제에 대한 이해를 높여온 이 고전이 한국에서도 제 몫을 다해줄 것으로 기대하면서 독자들에게 자신 있게 일독을 권한다. 경제를 쉽게 이해하고자 한다면 이 책은 결코 독자를 실망시키지 않을 것이다.

이병태, 카이스트 교수

이 책은 1946년에 초판이 출간됐다. 여덟 개 언어로 번역됐고, 다양한 형태의 판형으로 출판되었다. 초판에서는 정부의 가격통제와 구별해서 임대료 규제를 구체적으로 언급하지 않았는데, 1961년 판에는 별도의 장으로 추가했다. 또한 몇 가지 통계 자료와 사례를 근래의 내용으로 수정했다.

이를 제외하고 이 책은 초판 이후 지금까지 아무것도 변하지 않았다. 수정이 필요하다고 생각되지 않았기 때문이다. 이 책은 어느 특정한 법률 때문에 야기된 피해를 설명하기 위해서가 아니라 일반적인 경제 원리를 설명하고, 그걸 무시할 때 발생할 수 있는 불이익을 강조하기 위해 쓰였다. 이 책의 사례는 주로 미국의 경험을 바탕으로 하지만, 내가 개탄해마지않는 정부의 개입이 너무나 국제화된 탓에 외국 독자들도 자국의 경제정책을 설명하는 것처럼 보일 것이다.

그럼에도 초판을 출간한 지 32년의 세월이 흘렀기에 이제 대폭적인 개정을 하고자 한다. 모든 사례와 통계를 새로이 수정하는 것 외에도, 1961년에 추가한 임대료 규제에 대한 논의가 부적절해 보여, 그 장을 완전히 새로 썼다. 그리고 왜 오늘날 그 어느 때보다 나의 메시지가 절실하게 필요한지를 보여주기 위해 마지막에 '30년 후의 이야기' 장을 새롭게 추가했다.

1978년 6월
헨리 해즐릿

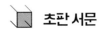

이 책에는 널리 퍼져서 이제는 마침내 새로운 정설이 돼버린 경제학의
오류를 분석해 담았다. 그 오류에는 자기모순self-contradiction이 있어서 한
동안 정설로 받아들여지지 않았었다. 하지만 아무리 오류라 해도 현실
과 관련된 문제를 설명하는 데 늘 틀리기만 하지는 않았기에 그 오류를
받아들이는 학파가 생겨났고 경제학 오류의 자기모순은 널리 퍼져나갔
다. 이후, 새로운 학파가 등장했고 그 오류 논리의 불합리를 다른 학파
보다 먼저 깨달았다. 그들은 부지중에 잘못된 전제를 포기하기도 하고
그 외중에 그 논리보다는 덜 혼란스럽거나 더 매력적인 결론을 받아들
임으로써 일관성을 잃었지만 결국 널리 퍼져서 새로운 정설로 받아들
여졌다.

　　오늘날 거의 모든 나라의 정부가 경제학 오류의 일부를 받아들여
경제정책을 수립하고 있다. 즉 경제정책을 수립하는 데 있어 경제학 오
류에 영향을 받지 않은 국가는 없다. 경제학의 오류, 특히 그 오류의 근

거가 되는 중심 논리를 상세하게 분석하는 것이 경제학을 이해하는 가장 빠르고 확실한 방법이다.

그렇기 때문에 이 책은 주로 설명을 다룬다. 여기서 설명하는 주요 사상은 독창적으로 만들어낸 것이 아니다. 그보다는 오히려 훌륭한 혁신과 진보로 여겨지는 많은 사상이 실제로는 오래된 오류의 회생에 불과하며, 과거를 모르는 사람은 오류를 반복할 수밖에 없다는 것을 보여주려 노력했다.

이 책은 고전적이고, 전통적이며 정통적이다. 이 책에서 분석할 궤변을 주장하는 이들은 이런 표현을 들먹이며 이 책을 무시하려 할 것이다. 하지만 되도록 많은 진실을 얻으려는 사람이라면 이 표현에 거부감을 갖지는 않을 것이다. 왜냐하면 그런 사람은 경제사상에서 혁명이라 부를 만큼 '완전한 새로운 시작'을 찾지 않기 때문이다. 물론 그는 오래된 아이디어만큼이나 새로운 아이디어도 잘 받아들일 것이다. 하지만 새롭고 독창적인 아이디어에 대한 초조함이나 과시해야 한다는 부담감은 기꺼이 제쳐둘 것이다. 모리스 R. 코헨Morris R. Cohen은 다음과 같이 말했다 "과거에 존재한 모든 사상가들의 견해를 무시할 수 있다는 생각은 우리 자신의 연구가 이후의 사상가에게 가치 있다고 입증할 수 있으리라는 희망의 근거를 남기지 않는다."[1]

이 책은 설명서이기에 다른 사람의 사상을 각주와 인용으로 표시한 것 이외에는 별도의 감사 표현 없이 자유롭게 게시하였다. 이는 세계 최고의 지성들이 열심히 연구해온 분야에서 글을 쓸 때 불가피한 일이다. 그러나 적어도 세 명의 작가에게 받은 영향은 너무나 구체적이어서

따로 언급하지 않고 그냥 넘어갈 수 없을 듯하다.

　나는 이 책의 내용과 설명 체계에 있어서 지금으로부터 거의 100년 전에 쓰인 프레데릭 바스티아Frédéric Bastiat의《보이는 것과 보이지 않는 것Ce qu'on voit et ce qu'on ne voit pas》에 큰 도움을 받았다. 사실 본서의 내용은 바스티아의 글에서 발견할 수 있는 접근법을 현대화하고, 확장 및 일반화한 것으로 볼 수 있다. 두 번째로는 필립 윅스티드Philip Wicksteed에게 큰 도움을 받았다. 임금에 관한 장과 마지막 요약 장을 쓰면서 그의《정치경제학 상식Commonsense of Political Economy》의 도움을 크게 받았다. 세 번째는 루트비히 폰 미제스Ludwig von Mises다. 그의 저술에서도 큰 도움을 받았는데, 특히 통화팽창이 확장되는 과정을 설명할 때 그러했다.

　오류를 분석하면서는 정당한 평가가 중요하지 특정 이름을 언급하는 것은 바람직하지 않다고 생각해왔다. 특정한 이름을 언급하려면 그 저술을 정확히 인용하며 비판해야 하고, 그가 특별히 강조하는 사항, 그의 자격 요건, 개인적인 모호함, 모순 등에 대한 특별한 판단이 요구되기 때문이다. 그러므로 이 책에 칼 마르크스Karl Marx, 소스타인 베블런Thorstein Veblen, 메이저 더글러스Major Douglas, 케인스John Maynard Keynes, 앨빈 한센Alvin Hansen 같은 이름이 나오지 않는다고 실망하지 않기를 바란다. 이 책의 목적은 특정 저술가의 특별한 실수를 폭로하는 것이 아니라 가장 빈번하고 광범위하며 영향력 있는 형태의 경제적 오류를 드러내는 것이기 때문이다. 오류가 대중화되면 어차피 누가 그것을 주창했는지 알 수 없게 된다. 그것이 전파되는 데 가장 책임이 있는 저술가들에게서 발견되는 미묘함이나 모호함은 씻겨나간다. 학설은 단순화되고 자격 요건, 모호함 또는 수학 방정식의 그물망에 묻혀 있던 궤변은 의심의 여지없이 확실한 듯 보인다. 그러므로 내가 제시한 최신 학설의 형태가 케인스나 다른 특정 저자들에 의해 만들어진 학설과 정확하게 일치하지 않는다고 비난하지 않기를 바란다. 우리가 여기서 관심을 갖고 살펴볼 것은 정치적 영향력 있는 집단들이 지지하는 신념과 정부의 조치를 뒷받침하는 믿음이지, 그 믿음의 역사적 기원이 아니다.

마지막으로 이 책에 충분한 통계를 인용하지 못한 데 대한 양해를 구한다. 관세의 효과, 가격통제, 인플레이션, 그리고 석탄, 고무, 면화 같은 상품에 대한 통제와 관련해서 통계를 제공하고자 했다면 이 책은 당초 계획보다 훨씬 더 분량이 많아졌을 것이다. 나는 신문 기자로서 통계가 얼마나 빨리 시대에 뒤처져 새로운 수치로 대체되는지를 절실히 배웠다. 특정 경제문제에 관심이 있다면 최신 통계 자료와 함께 현재의 실제적 논의를 읽어보기를 권한다. 당신이 배운 기본 원리를 바탕으로 어렵지 않게 통계를 정확하게 해석할 수 있을 것이다.

나는 이 책을 쓰면서 합리적인 정확성과 일관성은 유지하되 세부적 내용에 대한 언급을 자제하려 애썼다. 동시에 되도록 단순하고 쉽게 쓰려고 노력했다. 경제학에 대한 사전지식이 없는 독자가 이 책을 완전히 이해할 수 있도록 말이다.

이 책이 한 권으로 묶여 출판되기 이전에 세 개의 장은 이미 별도의 기사로 발표된 바 있다. 〈뉴욕타임스New York Times〉, 〈아메리칸 스칼라American Scholar〉 그리고 〈뉴리더New Leader〉에 처음 발표했던 글을 인쇄할 수 있도록 허락해준 데 감사한다. 또한 원고를 읽고 유용한 제안을 해준 폰 미제스 교수에게 감사한다. 물론 이 책에 실린 의견에 대한 책임은 전적으로 나에게 있다.

1946년 3월 25일, 뉴욕

헨리 해즐릿

차례

PART 1   길고 넓게 봐야 제대로 보인다

PART 2   보이는 경제학 안 보이는 경제학

PART 3　　　더 늦기 전에

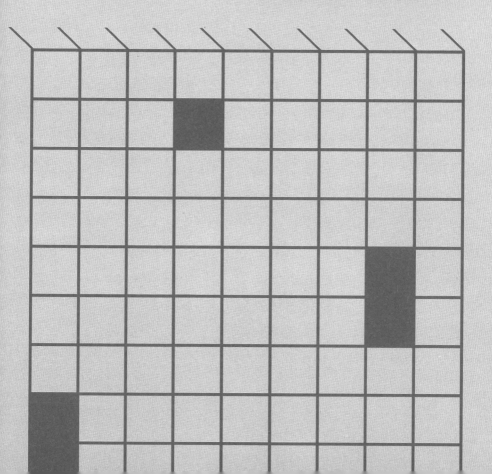

PART 1

길고 넓게 봐야
제대로 보인다

경제학의 오류

경제학은 모든 학문 가운데 오류에 가장 영향을 많이 받는다. 이는 우연이 아니다. 어떤 연구 분야든 그 주제의 본질적인 어려움이 있겠지만, 경제학의 연구 주제는 물리학, 수학, 혹은 의학 등 다른 학문에서는 무시해버리는 사소한 요소인 사람의 '이기적인 욕심selfish interests'의 작용으로 인해 그 어려움의 정도가 수천 배 증폭된다. 어떤 상황에서는 모든 집단이 공동의 이해관계를 갖기도 하지만, 다른 상황에서는 이해관계가 서로 상반되기도 한다. 어떤 경제정책은 장기적으로 모든 사람에게 이익이 되는 반면, 어떤 경제정책은 다른 모든 집단을 희생시켜 한 집단에 큰 이익을 안겨주기도 한다. 그 경제정책으로 직접적인 이익을 보는 집단은 그럴듯한 논리를 펼치며 끈질기게 논쟁을 진행할 것이다. 그들은 자신을 대변해줄 수 있는 최고의 전문가를 고용해 계속해서 그 경제정책을 홍보할 것이다. 마침내 일반 대중은 그 전문가에게 설득되거나 그 주제에 대해서는 명확한 결론을 내리기가 불가능하다고 생각하게 된다.

만족하지 못하고 계속해서 '이기적 욕심'을 추구하는 것 이외에 매일 새로운 경제학 오류를 만들어내는 두 번째 인간 본성이 있다. 바로 어떤 경제정책의 장기적인 결과나 대다수 사람에게 미치는 영향에 대한 연구는 등한시한 채, 단기적인 결과나 특정 집단에 한정된 영향에만 골몰하는 경향이다. 이는 이차적으로 발생하는 결과를 간과하게 하여 경제학 오류를 만든다.

이 두 번째 요소는 좋은 경제학자와 나쁜 경제학자를 구별하는 데 도움을 준다. 나쁜 경제학자는 눈앞에 직접적으로 보이는 것에만 집중하고, 좋은 경제학자는 간접적이고 보이지 않는 것까지 고려한다. 나쁜 경제학자는 제안된 정책의 직접적인 결과에만 집중하지만, 좋은 경제학자는 더 장기적이고 간접적인 결과까지도 포함해서 연구한다. 나쁜 경제학자는 주어진 정책의 효과가 특정 집단에 어떤 영향을 미치는지에만 집중하지만, 좋은 경제학자는 정책의 효과가 다수의 집단에 어떤 영향을 주는지에 대해서도 질문한다.

차이점은 아주 명백하다. 특정 경제정책이 다수에게 미치는 단기부터 장기까지의 영향을 주의 깊게 살펴보는 노력은 좋은 경제학자가 되기 위해 꼭 필요한 자질이다. 누구나 생활하면서 눈앞의 즐거움만 추구하다가 결국은 재앙을 맞이한 경험이 있지 않은가? 어릴 적 사탕을 너무 많이 먹어서 결국 치아가 썩어 아파했던 경험이 있지 않은가? 다음 날 아침 숙취로 고생할 걸 뻔히 알면서도 과음을 한 적이 있지 않은가? 알코올중독자들은 자신의 간이 망가지고 있고, 점차 죽음으로 다가가고 있다는 걸 알고 있지 않을까? 돈 후안Don Juan은 자신의 행동이 스스로를 협박부터 질병까지 온갖 위험으로 내몬다는 걸 알고 있지 않았을까? 마지막으로 경제에 적용해보면, 비록 개인의 가치관에 관한 부분이긴 하지만 게으르거나 낭비가 심한 사람은 자신의 나태와 탕진이 결국에는 부채와 가난으로 귀결된다는 것을 알고 있지 않을까?

지금껏 공공경제학Public Economics에 관해 논의할 때는 이러한 기본적인 요소가 무시돼왔다. 오늘날 훌륭한 경제학자로 인정받는 자들 가운데에는 경제 구제의 한 방법으로 저축을 강력하게 반대하고, 국가적 규모의 낭비를 강조하는 사람들이 있다. 만약 누군가 그러한 정책이 장기적으로 어떤 영향을 줄지 지적하면 그들은 성경에 나오는 탕자처럼 "결국 우리는 모두 죽는다"라고 대답한다. 이 같은 얄팍한 언어유희는 엄청난 영향력을 갖는 선동 문구로 포장돼 마침내 지혜의 명언epigram처럼 널리 퍼져나간다.

여기서 짚고 넘어가야 할 정말로 비극적인 사실은 우리가 과거의 잘못된 정책이 미치는 영향을 이미 경험하고 있다는 것이다. 오늘은 어제의 나쁜 경제학자들이 무시해도 된다고 주장한 내일이기 때문이다. 어떤 경제정책의 장기적인 영향은 몇 달 후에 분명히 드러날 수도 있고, 때로 몇 년이 지난 후에야 그 결과가 나타날 수도 있다. 때때로 결과가 명확해지는 데 수십 년이 걸리는 경제정책도 있다. 하지만 꽃이 씨앗으로부터 나오고 닭이 달걀로부터 나오듯, 모든 경제정책은 분명히 장기적인 결과를 내포하고 있다.

이런 관점에서 경제학 전체를 아우르는 연구 원칙을 다음의 함축적인 한 문장으로 표현할 수 있다.

"경제학은 단지 행동이나 정책의 즉각적 효과뿐 아니라 장기적인 영향을 연구하는 학문이며, 또한 한 집단이 아니라 모든 사람에게 미치는 정책의 결과를 추적해야 한다."

il

오늘날 세계에 엄청난 피해를 주는 나쁜 경제정책의 기반이 되는 경제학 오류의 90% 이상은 앞서 언급한 경제학 연구의 원칙을 무시했기 때문에 발생한다. 모든 경제학 오류는 경제학 연구의 근본적인 두 가지 원칙 중 하나, 혹은 두 가지 모두를 무시함으로써 발생한다. 한 가지는 단기간의 결과에만 집중해서 경제정책이나 경제 행동을 연구하기 때문이고, 다른 한 가지는 소수 집단에 미치는 영향만을 집중적으로 연구한 탓이다.

물론 정반대의 오류도 발생할 수 있다. 그렇기에 단지 장기적이며 사회 전체에 미치는 영향만을 고려해서 경제정책을 실행하는 것만으로는 부족하다. 이는 고전파 경제학자들이 자주 저지르는 오류다. 그들은 사회 전체의 번영과 장기적으로 이로운 것으로 판명된 정책이나 사회 개발 때문에 즉각적인 피해를 보는 집단의 운명에는 냉담했다.

그러나 오늘날 이 오류를 범하는 사람은 비교적 소수이며, 그 소수의 사람은 주로 전문 경제학자로 구성돼 있다. 오늘날까지 빈번하게 나타나는 오류, 경제문제를 다루는 거의 모든 대화에서 반복적으로 나타나는 오류, 수천 개의 정치 연설에서 드러나는 오류, '신新'경제학의 핵심 오류는 정책의 단기적 효과나 특정 집단에 초점을 맞추고 장기적인 효과나 전체 사회에 대한 영향은 무시하거나 과소평가하는 것이다.

'신'경제학자들은 자신들이 '고전파' 혹은 '정통파' 경제학자들이 종종 무시했던 단기적 효과를 고려하기 때문에 거의 혁명적인 진보를 이뤘다고 자화자찬한다. 그러나 그들은 장기적인 효과를 무시하거나 과소평가함으로써 더욱 심각한 오류를 만들어내고 있다. 그들은 특정 나무를 정밀하고 세밀하게 조사하느라 숲에 대한 이해를 간과한다. 그들의 방법과 결론은 종종 심각하게 시대에 역행한다. 그들은 때때로 자신들의 주장이 17세기 중상주의와 일치한다는 것을 발견하고 놀란다. (만약 그들이 최소한의 일관성을 지녔다면) 그들은 고전파 경제학자들이 완전히 제거했던 아주 오래된 모든 오류에 빠진 것이다.

∎∎∎

안타깝게도 종종 나쁜 경제학자의 잘못된 경제정책이 좋은 경제학자의 참된 경제정책보다 대중에게 더욱 설득력을 지닌다. 흔히들 선동가가 연단에서 내세우는 경제적 허튼소리가 그 경제정책에서 잘못된 부분을 보여주고자 하는 정직한 사람의 주장보다 더 그럴듯하게 들린다고 불평한다. 그 이유는 선동가나 나쁜 경제학자들은 반쪽짜리 진실을 이야기하기 때문이다. 그들은 경제정책의 단기적인 영향이나 특정 집단에 대한 영향만을 이야기한다. 어떤 범주에서는 그들이 옳을 수 있다. 그럴 때는 제안된 정책이 장기적으로 덜 바람직한 효과를 가지고 있음을 보여주거나, 다른 모든 집단을 희생시켜 한 집단에만 이익을 줄 수 있음을 보여주는 식으로 대응해야 한다. 즉, 반쪽 진리를 다른 반쪽으로 보완하고 수정하는 것이다.

하지만 제안된 정책이 대다수 사람에게 미치는 영향을 모두 고려하려면 종종 길고, 복잡하고, 지루한 추론 과정이 필요하다. 대부분의 대중은 이러한 추론 과정을 따르기 어려워하고 곧 지루해하고 주의력을 잃는다. 한편 나쁜 경제학자는 '고전주의', '자유방임', '자본주의 옹호' 등의 효과적인 단어를 활용하여 대중에게 좋은 경제학자의 추론을 따르거나 그 장점을 판단할 필요조차 없다고 설득하면서 자신들의 지적 쇠약과 나태를 합리화한다.

지금까지 우리는 경제 연구 원칙의 본질과 그것을 막아서는 오류를 추상적인 용어로 설명했다. 그러나 구체적 예시를 통해 설명하지 않으면 이 이야기가 마음에 와 닿지 않을 것이고, 오류는 계속해서 인식되지 않은 채 남아 있을 수 있다. 이제부터 우리는 경제학의 가장 기본적인 문제에서부터 가장 복잡하고 어려운 문제까지 구체적인 사례를 살펴볼 것이다. 이를 통해 가장 눈에 띄고 노골적인 오류는 물론이고 가장 정교하고 이해하기 어려운 몇몇 오류를 발견하고 피하는 법을 배울 수 있을 것이다.

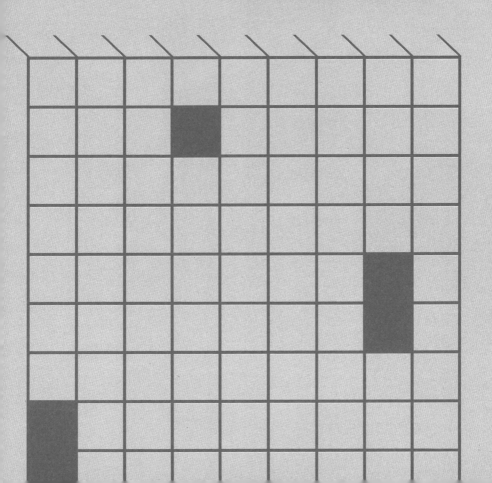

PART 2

보이는 경제학
안 보이는 경제학

유리창이 깨지면
돈과 일자리가 생긴다?

아주 간단한 사례부터 시작해보도록 하자. 프랑스의 저술가 프레데릭 바스티아의 '깨진 유리창'에 관해 이야기해보도록 하겠다.

젊은 불량배 한 명이 빵 가게 창문에 벽돌을 던졌다. 빵 가게 주인은 화가 나서 가게 밖으로 뛰어나왔지만 그 불량배는 이미 멀리 도망가버린 후다. 사람들이 모여들어 커다랗게 구멍 난 유리창과 빵, 파이, 과자 위에 흐트러진 깨진 유리조각을 조용히 쳐다보기 시작한다. 잠시 후 군중은 현 상황을 이성적으로 판단해야 한다는 생각을 한다. 그리고 그 중 몇몇은 이번 사건에 꼭 나쁜 면만 있는 건 아니라고 이야기하며 빵 가게 주인에게 자기 생각을 설명한다. 즉, 유리창이 깨졌으니 유리 가게에 사업 기회를 제공할 수 있다는 것이다. 여기까지 생각이 미친 군중은 생각을 좀 더 넓혀 자세히 설명한다. 유리창 교체 비용이 250달러라고 가정하자. 상당히 큰 금액이다. 빵 가게 유리창이 깨짐으로써 유리 가게에는 어떤 일이 일어날까? 가정이 계속된다. 그 유리 가게에는 250달러가 추가로 생기고, 그 돈을 다른 가게에 지출할 수 있을 것이다. 유리 가게 주인이 그 250달러를 다른 가게에서 지출하면 그 가게 역시 추가로 지출할 250달러가 생기고 계속해서 돈이 돈다. 깨진 유리창이 지역경제 공동체에 돈과 일자리를 제공한 셈이다. 만약 군중이 이러한 논리에 이 끌린다면, 빵 가게에 벽돌을 던진 불량배는 대중을 위협하는 나쁜 사람이 아니라 공공의 은인이라는 결론이 나온다.

자, 이제 또 다른 견해를 살펴보자. 빵 가게 사건 현장에 모였던 일부 군중은 적어도 첫 번째 결론에서는 옳다. 빵 가게 유리를 파손하는 행위는 즉각적으로 유리 가게에 새로운 매출 기회를 제공한다. 따라서 불량배가 빵 가게 유리를 깨뜨렸다는 소식은 유리 가게 주인에게는 꼭 나쁜 소식만은 아니다. 마치 지역의 장의사가 지역주민의 사망 소식을 들은 것과 마찬가지라 할 수 있다. 빵 가게 주인은 250달러를 주고 새로운 정장을 사 입을 계획이었지만 급하게 빵 가게 유리창을 수리하느라 새로운 정장의 구입은 당분간 미루기로 했다. 원래 빵 가게 주인은 가게 유리창과 250달러를 가지고 있었으나, 불량배의 기물 파손으로 가게 유리창만 손에 쥔 처지가 된 것이다. 만약 바로 그날 오후에 정장을 구입할 계획이었다면, 그는 새로운 정장과 유리창 모두를 갖는 대신 유리창만 갖고 새로운 정장은 갖지 못한 데 만족해야 한다. 빵 가게 주인을 지역사회의 일원으로 여긴다면 그 지역사회는 불량배의 기물 파손이 없었다면 얻을 수 있었던 새로운 정장을 잃어버린 셈이고, 새로운 정장만큼 가난해진 것이다.

단기적으로 유리 가게 주인이 얻은 사업 이익은 양복점 주인의 사업 손실일 뿐이다. 새로운 고용은 일어나지 않았다. 모였던 군중은 단지 빵 가게 주인과 유리 가게 주인 두 사람 간의 거래만을 생각했다. 그들은 잠재적 제3자인 양복점 주인을 고려 대상에 넣지 않았다. 양복점 주인이 그 자리에 있지 않았기 때문에 잊어버린 것이다. 군중은 다음 날이나 그다음 날 빵 가게에 끼워진 새로운 유리창을 보게 될 것이다. 그렇지만 그들은 당분간 빵 가게 주인의 새로운 정장은 보지 못할 것이다. 군중은 즉각적으로 볼 수 있는 것만을 고려 대상으로 삼는다.

전쟁이
경제적 발전을 가져올까?

이제 깨진 유리창의 사례 분석을 끝냈다. 이 사례는 아주 기초적인 오류로 누구든지 잠시만 생각하면 피할 수 있다. 하지만 깨진 유리창 오류는 다양한 형태로 그 모습을 바꾸어 경제학 역사에 끊임없이 나타난다. 특히 오늘날에는 과거 어느 때보다도 만연하다. 이 오류는 산업계 지도자, 상공회의소 회원, 노조 지도자, 편집위원, 신문 칼럼니스트, 라디오 및 텔레비전 해설자, 가장 세련된 기술을 사용하는 학식 있는 통계학자, 최고 대학 경제학 교수에 의해 매일같이 반복되고 있다. 그들은 다양한 방법으로 입을 모아 파괴의 장점을 과장한다.

비록 그들 중 일부는 작은 파괴 행위로부터 혜택을 얻을 수 있다는 주장에 동의하지 않기도 하지만, 대신 거대한 파괴 행위는 엄청난 혜택이 될 수 있다고 한목소리를 낸다. 그들은 평화보다 전쟁을 통해 우리 모두가 경제적으로 얼마나 더 나아졌는지 이야기한다. 그들은 전쟁으로써만 도달할 수 있는 '생산의 기적'이 있다고 주장한다. 또한 전쟁을 통해 '축적된' 혹은 '미뤄진' 수요가 엄청나게 창출되고, 이를 통해 세계가 더욱 번영할 거라고 주장한다. 제2차 세계대전 이후 유럽에서는 잿더미로 변해버려 재건돼야 하는 집과 도시를 모두 수요로 고려했다. 미국에서는 전쟁 중에 전쟁물자 공급 때문에 뒤로 미뤄뒀던 건물의 건축이나 나일론 스타킹의 공급, 낡은 자동차와 타이어의 교체, 오래된 라디오와 냉장고의 교체를 새로운 수요라고 생각했다. 그리고 그들은 전쟁을 통해 거대한 수요가 새로이 창출됐다고 이야기한다.

이는 우리의 오랜 친구인 '깨진 유리창' 오류가 새 옷을 입고 살이 붙어 알아볼 수 없게 된 것에 불과하다. 그들은 각종 관련 오류를 근거로 자신들의 주장을 합리화한다. 그들은 '필요need'와 '수요demand'를 혼동하고 있다. 전쟁의 파괴가 극심하면 극심할수록, 더욱더 많은 사람이 빈곤에 시달리고, 전후 복구가 더욱더 절실해진다는 데에는 의심의 여지가 없다. 하지만 절실히 '필요'한 상태를 '수요'라고 할 수는 없다. 유효한 경제적 수요는 단지 필요하다는 요건만으로는 완성되지 않고 그에 상응하는 구매력이 동반돼야 한다. 오늘날 인도에서의 '필요'는 미국의 '필요'보다 월등히 크다. 하지만 인도의 구매력은 비할 수 없이 약하고, 따라서 그 구매력으로 창출될 새로운 사업 기회 또한 턱없이 부족하다.

우리가 이러한 오류를 잘 알아차렸다 해도 또 다른 깨진 유리창 오류의 변종에 빠질 수도 있다. 사람들은 구매력을 화폐를 기준으로 환산해서 계산한다. 화폐는 인쇄기를 돌려 얼마든지 찍어낼 수 있다. 만약 생산물의 가치를 화폐 단위로만 측정한다면, 조폐산업은 세계에서 규모가 가장 큰 산업일 것이다. 하지만 더 많은 돈이 생산될수록 돈의 가치는 하락한다. 화폐가치의 하락은 상품 가격이 상승하는 정도로 측정할 수 있다. 대부분의 사람들은 그들의 자산과 소득을 화폐 단위로 측정하는 데 익숙하다. 따라서 자산과 수입의 화폐 표시 숫자가 커질수록 더욱 더 부유해졌다고 믿는다. 자산과 소득을 실물 단위로 측정하면 실제로는 덜 갖고, 덜 구입할 수 있게 됐음에도 말이다. 당시 나타난 대부분의 '좋은' 경제적 결과가 제2차 세계대전 덕분이라고들 하지만 사실상 이는 전쟁 기간 중에 발생한 엄청난 인플레이션에 기인한다. 전쟁으로 인한 경제적 결과는 평상시의 비슷한 인플레이션으로도 달성될 수 있고, 실제로 달성되기도 했다. 이 '화폐의 환상'에 대해서는 다른 장에서 더 자세히 살펴보도록 하겠다.

'깨진 유리창' 오류에서와 마찬가지로 '지체된' 수요의 오류도 절반만 사실이다. 깨진 유리창이 유리 상인에게 사업 기회를 만들어줬듯, 파괴된 건물과 도시는 건축 산업에 큰 사업 기회를 제공했다. 즉, 전쟁의 파괴는 어떤 상품의 생산자에게 더 많은 사업 이익을 가져다줬다. 전쟁 기간 중에 자동차, 라디오, 냉장고를 생산하지 못했기에 전쟁 후에는 그 상품들의 누적된 수요가 일어났다.

가치가 하락한 화폐 기준으로 계산함에 따른 착시까지 포함해서, 대부분의 사람들에게 이는 총수요의 증가처럼 보였다. 그러나 실제로 일어난 일은 특정 제품으로의 수요 전환이었다. 유럽 사람들은 달리 어쩔 수가 없어서 새 집을 많이 건축했다. 새 집을 건축하는 데 들어간 인력과 자원만큼 그들은 다른 곳에 사용할 인력과 자원을 잃었다. 집을 산 만큼 다른 것에 대한 그들의 구매력은 감소했다. 생산적 에너지가 결핍과 긴박감에 의해 자극되는 경우를 제외하면, 어느 한 산업 분야의 급속한 성장은 다른 산업의 감소를 동반한다.

전쟁은 단기적으로 전후 노력의 방향을 바꿨다. 전쟁은 산업 간 균형은 물론이고 산업의 구조까지 변화시킨다.

제2차 세계대전이 유럽에서 끝난 이후, 전쟁으로 황폐해진 나라와 그렇지 않은 나라 모두에서 신속하고 놀라운 '경제성장'이 일어났다. 독일처럼 엄청나게 파괴됐던 나라 가운데 상당수는 프랑스처럼 훨씬 적게 파괴된 나라보다 더 빨리 발전했다. 이는 부분적으로 서독이 건전한 경제정책을 따른 덕분이다. 또한 다른 한편으로는 정상적인 주택 그리고 지금과는 다른 생활환경으로 돌아가야 한다는 절박한 욕구가 더 많은 노력을 자극했기 때문이다. 그러나 그렇다고 해서 재산 파괴가 피해 당사자에게 유리하다는 의미는 아니다. 집을 다시 건축해야 한다는 절실한 필요가 자신의 에너지를 자극할 것이라는 이론에 따라 자기 집을 불태우는 사람은 없다.

전쟁이 끝난 후 한동안은 보통 전쟁의 피해를 극복하기 위해 더욱 열심히 일하는 경향이 있다. 토머스 매콜리Thomas Babington Macaulay는 그의 유명한 저서《영국의 역사History of England》3장 시작 부분에서 다음과 같이 지적했다.

통상적인 불행이나 잘못된 정치가 실용적인 지식의 진보와 모든 사람이 지속적인 노력으로 만든 국가의 번영을 압도할 수는 없다. 막대한 지출, 과중한 세금, 불합리한 상업적 제한, 부패한 재판, 참혹한 전쟁, 반란, 박해, 분쟁, 침수는 시민들의 노력이 자본을 창출하고 축적할 수 있었던 것보다 빨리 자본을 파괴할 수 없었던 것으로 밝혀지곤 했다.

전쟁을 하고 있을 때나 평화로울 때나 자신의 재산이 파괴되기를 원하는 사람은 없다. 개인에게 해롭거나 처참한 사건은 개인이 모여 구성된 국가에도 똑같이 해롭거나 처참하다.

경제적 추론에서 가장 빈번하게 나타나는 잘못된 믿음은 대부분 국가의 존재 이유이자 국가를 구성하는 개별 국민은 잊거나 무시한 채, 전체로서의 국가를 정의하고 분석하는 경향에서 비롯된다. 전쟁으로 전 재산이 파괴된 국민을 먼저 생각한다면 결코 전쟁의 파괴가 경제적 이익을 가져다준다고는 주장할 수 없다.

전쟁의 파괴가 전체 '수요'를 증가시킨다고 생각하는 사람은 수요와 공급이 같은 동전의 양면이라는 사실을 잊은 것이다. 수요와 공급은 다른 방향에서 본 것일 뿐 본질은 같다. 공급이 실제로는 수요이기 때문에 공급이 수요를 창출한다. 사람들은 사실상 자신이 원하는 것을 얻기 위해 상품을 만들어낸다. 이런 의미에서 농부의 밀 공급은 자동차와 다른 물품에 대한 그들의 수요를 구성한다. 이 모든 것은 현대의 노동 분업과 교환경제에 내재돼 있다.

현대적 교환은 화폐를 매개체로 간접적인 형태와 임금 지불 같은 복잡한 과정을 통해 이뤄지기 때문에 대부분의 사람들은 (몇몇 평판 좋은 훌륭한 경제학자를 포함해) 이러한 근본적 사실을 잘 인지하지 못한다. 존 스튜어트 밀John Stuart Mill과 다른 고전학파 저자들은 비록 화폐 사용으로 빚어진 복잡한 결과를 충분히 고려하지는 못했지만 최소한 화폐의 장막 너머에 있는 근본적인 현실을 봤다. 그렇기 때문에 그들을 비판하는 현대 비평가들보다 앞서 있었다. 현대의 비평가들은 화폐를 통해 교훈을 얻기보다 화폐 때문에 혼란스러워했다. 단순한 인플레이션, 즉 그저 임금과 물가상승의 결과로 더 많은 돈을 발행하는 것은 더 많은 수요를 창출하는 것처럼 보일 수도 있다. 그러나 실질적인 생산과 교환 관점에서는 그렇지 않다.

생산력이 고갈되는 것과 같은 수준으로 실질구매력이 고갈된다는 것은 명백하다. 물가상승에 따른 통화팽창 효과나 화폐 단위로 계산된 '국민소득'에 속거나 혼란스러워해서는 안 된다.

독일이나 일본이 전후 미국보다 더 유리했다는 주장도 있다. 전쟁 중에 폭탄으로 완전히 파괴된 그들의 오래된 공장들은 가장 현대적인 공장과 장비로 새로이 대체됐고, 따라서 낡고 뒤처진 미국의 공장들보다 더 낮은 비용으로 효율적인 생산을 할 수 있었기 때문이다. 그러나 만약 그것이 정말 확실한 이득이었다면, 미국인들은 그들의 오래된 공장을 즉시 부수고 모든 낡은 장비를 다 버림으로써 단점을 쉽게 만회할 수 있었을 것이다. 실제로 여러 나라의 수많은 제조업자가 매년 오래된 모든 공장과 기계를 폐기하고 새로운 공장을 새우고 새로운 장비를 설치하고 있다.

진실은 최적의 교체율과 최적의 교체 시기가 있다는 것이다. 공장과 기계가 낡고 성능이 떨어져 아무런 가치를 만들지 못하거나 손해만 초래해서 제조업자가 공장과 기계를 교체하기로 결정하고 새로운 기계를 주문한 바로 그 시점에, 폭탄이 공장과 기계에 떨어졌을 경우에만 파괴가 이득이 될 것이다.

다음과 같은 주장도 사실일 수 있다. 만약 감가상각과 노후화가 회계장부에 제대로 반영되지 않았다면 재산이 파괴됨으로써 입은 손실이 회계상 손실보다 적을 수 있다. 또한 새로운 공장과 기계의 출현은 낡은 공장과 기계의 상대적 생산성 하락을 가속화한다. 이익이 극대화되는 기간을 넘어 더 오래 사용한 공장과 기계가 파괴되면 제조업자는 (그가 새로운 공장과 기계로 대체할 의지와 자본을 모두 가지고 있다면) 이익 극대화 기간에 파괴된 것보다 비교 이익을 얻을 것이다. 정확하게는 비교 손실이 줄어든다.

결론적으로 공장이 이미 가치가 없어지거나 감가상각과 노후화로 손해만 증가시키고 있지 않는 한 폭탄에 의한 파괴는 결코 득이 되지 않는다.

게다가 지금까지의 모든 논의에는 중요한 고려 사항이 있다. 개인(혹은 사회주의 정부)이 저축과 축적된 자본을 갖고 있어야만 공장과 기계를 대체할 수 있다는 것이다. 그러나 전쟁은 축적된 자본을 파괴한다.

물론 이견이 있을 수도 있다. 예를 들어, 전쟁 중에 이뤄진 기술적 발견과 발전은 개인 또는 국가의 생산성을 증가시킬 수 있으며, 결국 전반적인 생산성의 순증가도 일어날 수 있다. 그러나 전후 수요는 결코 전쟁 전의 수요와 정확히 동일한 형태로 회복되지 못할 것이다. 우리에게 실질적 가치를 지닌 어떤 것을 불필요하게 파괴하는 것은 항상 순손실,

불행, 재난이며 특정한 경우에 손해가 상쇄된다고 해도 결코 이익이나 축복일 수 없다. 고려해야 할 복잡한 여러 사항이 있다 해도 이러한 기본적인 진실을 인식하지 못해서는 안 된다.

공공사업은
세금을 의미한다

오늘날 정부 지출에 대한 믿음만큼 지속적이고 영향력 있는 믿음은 세상에 없다. 모든 곳에서 정부 지출은 우리에게 닥친 경제적 병폐에 대한 만병통치약으로 제시된다. 민간산업이 부분적으로 침체돼 있는가? 정부 지출로 모든 것을 해결할 수 있다. 실업자가 있는가? 이는 분명 개인의 구매력 부족 때문이다. 치료법은 아주 명백하다. 정부가 그 '부족분'을 메우기에 충분할 만큼 지출을 늘리면 된다.

수많은 논문이 이러한 오류에 바탕을 두고 있으며, 이런 종류의 학설이 종종 그러하듯 이 논문들은 서로를 뒷받침하는 복잡한 오류 네트워크를 이뤘다. 여기서 그 오류 네트워크 전체를 다룰 수는 없기에 그 네트워크의 다른 지류들은 다른 장에서 다루기로 하고, 이 장에서는 오류 네트워크를 탄생시킨 오류의 근원을 살펴보도록 하겠다.

자연이 무료로 제공하는 선물을 제외하고 우리는 우리가 얻는 모든 것에 어떤 식으로든 대가를 지불해야 한다. 그런데 세상에는 공짜로 뭔가를 얻으려는 계략으로 가득찬 이른바 경제학자가 넘쳐난다. 그들은 정부가 세금을 전혀 걷지 않고도 지출할 수 있다고 말한다. 갚지 않고도 계속 빚을 쌓을 수 있다고 말한다. '우리 자신에게 빚을 지는 것'이기 때문이다. 이 어처구니없는 주장에 대해서는 다른 장에서 다시 살펴보기로 하고, 여기서는 그런 달콤한 주장이 항상 국가 파산 또는 치솟는 인플레이션에 의해 산산조각 나버렸다는 것을 강하게 지적하고자 한다. 모든 정부 지출은 결국 세금으로 지불돼야 하고, 인플레이션 자체는 지극히 악랄한 세금의 한 형태일 뿐이다.

만성적인 정부 차입과 인플레이션에 관한 오류는 추후 고려하기로 하고, 이 장에서는 1달러의 정부 지출은 즉시 혹은 궁극적으로 1달러의 세금으로 충당돼야 한다고 전제하자. 일단 이 전제조건을 바탕으로 정부 차입 문제를 바라보면, 정부 지출의 기적은 전혀 다른 결론으로 귀결될 것이다.

정부의 필수적인 기능을 수행하려면 일정량의 공공 지출은 필요하다. 도로, 교량 및 터널 공사, 무기고와 해군 조선소, 입법부 건물, 경찰서 및 소방서 등 필수 공공서비스를 공급하기 위한 공공 지출은 반드시 필요하다. 정부의 필수적인 기능에 필요한 공공 지출에 관해서라면 그리 걱정하지 않는다. 고용창출 수단으로 간주되는 공공사업이나 정부 지출이 없었다면 생겨나지 않았을 지역사회의 부가적 재산에 대해 걱정하고 관심을 가질 뿐이다.

다리가 건설된다고 가정하자. 만약 그 다리가 대중의 끊이지 않는 수요를 충족시키기 위해, 교통문제나 수송 문제를 해결하기 위해 건설

된다면 이의는 있을 수 없다. 간단히 말해, 납세자가 개별적으로 돈을 쓰는 것보다 세금을 거둬 처리하는 것이 집단적으로 이득이 된다면 반대할 이유가 없다. 그러나 '고용창출'을 위해 건설되는 다리는 그 성격이 전혀 다르다. 일자리 제공이 목적이라면, 필요성은 종속적인 고려 사항이 된다. 공공사업 프로젝트가 인위적으로 만들어져야 한다. 정부의 지출 담당자는 어디에 다리를 건설해야 하는지를 중점적으로 생각하는 대신, 어디에 다리가 세워질 수 있는지 자문하기 시작한다. 그들이 동서를 연결하는 추가적인 다리가 필요하다는 그럴듯한 이유를 생각해낸다면, 그 다리는 곧 절대적으로 필요한 것으로 둔갑한다. 그 필요성을 의심하는 사람은 방해자나 반동분자로 일축해버린다.

다리 건설에 대해서는 두 가지 주장이 제기되는데, 그중 하나는 주로 다리가 건설되기 전에 제기되고 다른 하나는 다리가 완공된 후에 제기된다. 첫 번째 주장은 다리 건설이 일자리를 제공하리라는 것이다. 예를 들어, 다리 건설이 1년 동안 500개의 일자리를 제공한다고 주장한다고 해보자. 이는 다리가 건설되지 않으면 존재하지 않을 일자리라는 것을 시사한다.

이것이 바로 직접적으로 눈에 보이는 것이다. 그러나 만약 직접적으로 보이는 것 이면에 존재하는 2차적 결과를 바라보고, 정부 사업으로 직접적 혜택을 받는 사람들을 넘어서서 간접적인 영향을 받는 사람들까지 고려하도록 스스로를 훈련시켜왔다면 다른 그림을 볼 수 있다. 특정 집단의 다리 건설 노동자들은 다리가 건설되지 않을 때보다 더 많은 고용 혜택을 누릴 것이다. 하지만 이 다리의 건설 비용은 세금으로 지불해야 한다. 다리 건설에 사용되는 1달러는 납세자의 손에서 나온 1달러다. 만약 다리 건설에 소요되는 비용이 1,000만 달러라면 납세자들은 1,000만 달러를 잃을 것이다. 납세자 입장에서 보면 다리가 건설되지 않았다면 그들이 가장 필요로 하는 것에 소비할 수 있었던 돈을 정부에 세금으로 빼앗긴 것이다. 다리 건설 프로젝트로 만들어진 모든 공공 일자리 때문에 다른 곳에서는 민간 일자리가 사라져버린 셈이다.

다리를 건설하기 위해 다리 위에서 일하는 사람은 눈에 보인다. 정부 지출자들은 고용창출에 대한 논쟁을 활발히 벌이고, 대부분의 사람들은 설득당한다. 하지만 우리가 보지 못하는 다른 것들이 있다. 왜 보지 못하냐 하면 그것들은 결코 존재하도록 허락된 적이 없기 때문이다. 바로 납세자들이 1,000만 달러를 빼앗김으로써 파괴된 직업들이 그렇다. 이 모든 일은 기껏해야 다리 건설 프로젝트로 일자리가 대체됐다는 뜻일 뿐이다. 다리 건설자의 일자리가 늘어나는 대신 자동차 노동자, 텔레비전 기술자, 의류 제조업자, 농부들의 일자리는 줄어든다.

하지만 그 후 우리는 두 번째 주장을 맞이하게 된다. 다리가 생겨났다. 못생긴 다리가 아니라 아름다운 다리라고 가정해보자. 이는 정부 지출의 마법을 통해 만들어졌다. 만약 방해자들과 반동분자들이 계속해서 반대했더라면 다리가 생겨날 수 있었을까? 그렇지 않을 것이다. 그만큼 나라는 더 가난해졌을 것이다.

여기서 다시 한번, 정부 지출자들은 눈앞의 직접적인 것만 볼 수 있는 사람들과 함께 이 논쟁에서 유리한 위치를 점한다. 그들은 다리를 볼 수 있다. 그러나 만약 그들이 직접적인 결과뿐만 아니라 간접적인 결과도 찾도록 스스로 훈련해왔다면, 그들은 상상의 눈으로 그 존재가 결코 허락되지 않았던 것들을 볼 수 있다. 그들은 지어지지 않은 집, 만들어지지 않은 차와 세탁기, 만들어지지 않은 드레스와 코트, 또한 재배되지 않고 팔리지 않은 식품을 볼 수 있을 것이다. 만들어지지 않은 이러한 것들을 보려면 많은 사람이 갖고 있지 않은 일종의 상상력이 필요하다. 아마도 한 번쯤은 이런 존재하지 않는 것들을 생각할 수도 있다. 하지만 매일 지나다니며 보는 다리로 인해 그 생각은 오래가지 않는다. 실제로 일어난 일은 그저 한 가지가 다른 것 대신 만들어졌다는 것뿐이다.

ıl

다른 형태의 모든 공공사업에도 동일한 논리가 적용된다. 예를 들면, 저소득층을 위한 주택 건립에도 이 논리가 적용된다. 고소득 가정에서 (그리고 심지어 저소득 가정에서도 일부를) 세금으로 걷어, 특정 저소득 가정에 보조금으로 지급하여 비슷한 임대료 혹은 더 낮은 임대료를 내고도 더 나은 주택에서 살 수 있게 하는 일이 벌어진다.

　여기서 공공주택에 관한 모든 찬반론을 논의할 생각은 없다. 단지 공공주택을 찬성하는 사람들이 제기하는 두 가지 주장의 오류를 지적하고자 한다. 하나는 고용을 창출한다는 주장이고, 다른 하나는 그러지 않았다면 생산되지 않았을 부(공공주택)를 창출한다는 주장이다. 이 두 가지 주장은 모두 잘못이다. 왜냐하면 잃어버린 세금을 간과하기 때문이다. 공공주택을 위한 과세는 주택에서 창출되는 만큼의 일자리를 다른 곳에서 파괴한다. 또한 민간주택이 만들어지지 않게 하고, 세탁기와 냉장고가 생산되지 않게 하며, 무수한 다른 상품과 서비스의 부족을 초래한다.

공공주택이 전체 자금을 한꺼번에 필요로 하지 않고, 연간 임대료 보조금 정도만 조달해도 사업을 할 수 있다는 반론을 펼 수 있을 것이다. 하지만 이는 앞의 두 가지 오류와 관련 없는 대답이다. 단순히 납세자들에게 세금으로 부과되는 비용이 한꺼번에 집중되는 대신 여러 해에 걸쳐 분산된다는 것만을 의미하기 때문이다. 이러한 세부사항은 문제의 핵심과 무관하다.

공공주택 옹호자들이 접하는 가장 큰 심리적 이점은 공공주택이 건축되는 동안 대중이 집을 짓는 일꾼들의 모습을 볼 수 있고, 일을 모두 마쳤을 때는 완성된 새 집을 보게 된다는 것이다. 사람들은 그 안에 살고, 자랑스럽게 친구들에게 집을 보여준다. 반면 공공주택에 쓰인 세금으로 인해 파괴된 일자리는 볼 수 없고, 만들어지지 않은 재화와 서비스도 볼 수 없다. 새로운 주택과 그 안에 사는 행복한 사람들을 볼 때마다, 그 대신 만들어지지 않은 부를 떠올리려면 집중적으로 사고하는 노력이 필요하다. 만약 그러한 사실을 공공주택 옹호자들에게 말한다면, 그들은 틀림없이 새로 건축된 공공주택을 가리키며 그 주장은 순전히 가설에 의한 반대 의견이며 상상의 세계라면서 무시할 것이다. 버나드 쇼Bernard Shaw의 〈성녀 조안Saint Joan〉에 등장하는 사람이 지구가 둥글고 태양 주위를 돈다는 피타고라스 이론을 들었을 때, "정말 바보 같아! 눈은 뒀다 뭐하나?"라고 대답한 것처럼 말이다.

우리는 같은 논리를 테네시계곡 개발청Tennessee Valley Authority, TVA 같은 대규모 프로젝트에 다시 한번 적용해야만 한다. 순전히 프로젝트의 규모가 엄청나기 때문에 착시의 위험이 그 어느 때보다도 크다. 여기 엄청난 댐, 민간자본으로는 건설할 수 없는 거대한 강철과 콘크리트로 이뤄진 거대한 인공 호수가 있다. 이곳은 사진사들의 성지이며, 사회주의자들의 천국이며, 공공건설, 공공소유 그리고 공공운영의 기적을 가장 자주 드러내는 상징물이다. 여기에는 강력한 발전기와 발전소가 있고, 전체 지역의 경제 수준이 상향 조정됐으며, 이 공사가 없었다면 존재할 수 없었을 공장과 산업을 끌어들이고 있다. 이 모든 것은 열렬한 지지자들의 찬사 속에서 경제적 순이익으로 제시된다.

우리가 여기서 TVA나 그 외 공공사업의 장점을 일일이 나열할 필요는 없다. 그러나 원장의 차변Debit side of the ledger을 살펴보는 상상력을 발휘하는 특별한 노력은 필요하다. 이러한 상상을 하기란 누구에게도 쉽지 않다. 개인과 기업에서 세금을 거둬 나라의 특정한 한 지역에 투자함으로써 그 지역이 더 부유해진다면, 왜 그것이 놀라운 일이고 왜 그것이 기적으로 여겨져야 하는가? 우리가 기억해야 할 것은 그 프로젝트로 인해 국가의 다른 지역은 상대적으로 가난해진다는 사실이다. '민간자본으로는 건설할 수 없는'이라는 말의 실제 의미는 민간에서 거둬들인 세금 혹은 정부 부채(결국에는 거둬들인 세금으로 갚아야 하는 돈)로 만들어졌다는 것이다. 우리는 다시 한번, 전 국민에게서 거둬들인 세금으로 사진 촬영에 적합한 노리스 댐Norris Dam을 짓느라 존재할 수 없게 된 민간 발전소와 개인 주택, 텔레비전을 상상하기 위해 노력해야 한다.

나는 의도적으로 공공사업의 가장 좋은 예를 선택했다. 즉, 정부 지출자들이 가장 자주 열렬히 홍보하고, 대중이 가장 높이 평가하는 사업들이다. 착수되는 순간부터 '일자리를 창출'한다거나 '사람들에게 일할 기회를 제공한다'고 떠들어대는 수백 개의 쓸모없는 프로젝트까지 이야기하지 않았다. 지금껏 살펴본 바와 같이 일자리 창출이 프로젝트의 목적이라면 프로젝트 자체의 본질적 유용성은 부수적인 고려 사항이 된다. 인력을 더 많이 낭비할수록, 인건비가 더 많이 들수록, 더 많은 고용을 제공하려는 목적은 더욱더 성공적으로 달성된다. 납세자들이 개별적으로 원하는 것을 구입하거나 생산하게 하는 것보다 관료들이 생각해내고 세금으로 진행하는 사업들은 매우 비효율적이기 때문에 지출한 비용이 부와 복지 증가에 크게 기여할 가능성은 매우 낮다.

세금은 생산의욕을
감소시킨다

정부 지출로 인해 창출되는 부가 이를 위해 부과된 세금 때문에 사라진 부를 완전히 보상할 가능성이 없는 데에는 더 심각한 요인이 있다. 흔히 생각하듯 이것은 국가의 오른쪽 주머니에서 물건을 꺼내 왼쪽 주머니에 넣는 식의 간단한 문제가 아니다. 이를테면 국민소득이 1조 5,000억 달러고 연방 세금이 연간 3,600억 달러라면 국민소득의 24%만이 민간 목적에서 공공 목적으로 이전되고 있는 것이라고 정부 지출자들은 말한다. 이는 하나의 국가가 마치 거대기업처럼 자원을 공동으로 사용하는 단위이고, 관련된 모든 것이 단지 장부상의 거래인 것처럼 이야기하기 위한 설명이다. 정부 지출자들은 그들이 B에게 돈을 지불하기 위해 A에게서 돈을 가져간다는 것을 잊는다. 아니, 그들은 이 사실을 매우 잘 알고 있을지 모른다. 하지만 그들은 이 과정에서 B가 얻는 모든 이익과 돈이 B에게 전달되지 않았더라면 가질 수 없었을 모든 놀라운 것들에 관해 장황하게 늘어놓으면서 이 거래에서 A가 받는 영향은 잊는다. B는 강조되고 A는 잊힌다.

현대사회에서 소득세는 모든 사람에게 동일한 비율로 부과되지 않는다. 전체 국민 중 일부가 더 많은 세금 부담을 진다. 세금은 납세자의 행동에 불가피하게 영향을 준다. 만약 기업이 손실은 100% 스스로 부담해야 하고 이익은 52%만 가져갈 수 있으며 서로 다른 회계연도의 이익과 손실을 적절히 상쇄할 수 없을 때, 이러한 사실은 회사 정책에 영향을 줄 수밖에 없다. 회사는 사업 확대를 기피하거나 최소한의 위험을 감수하는 정도로만 사업을 확대한다. 이런 환경에서 사람들은 새로운 사업을 시작하기를 꺼린다. 결과적으로 기존의 고용주는 더 이상 고용을 늘리려 하지 않고, 늘려도 최소한으로만 고용을 한다. 그리고 그 외의 사람들은 고용주가 되지 않기로 결정한다. 그 결과 개선된 기계장치와 더 발전된 설비를 갖춘 공장은 훨씬 더 느리게 생겨난다. 결국 장기적으로 볼 때 소비자는 더 좋고 더 싼 제품을 얻지 못하게 되고, 실질임금의 상승은 제한된다.

개인소득에 50, 60, 70%의 세금을 부과할 때도 비슷한 결과가 나타난다. 사람들은 왜 1년 중 6개월, 8개월 또는 9개월을 정부를 위해 일하고 자신과 가족을 위해서는 고작 6개월, 4개월 또는 3개월만 일해야 하는지에 대해 스스로에게 묻기 시작한다. 그리고 손실은 전부 자신이 감당해야 하지만 이익은 극히 일부만 가져갈 수 있다면, 자신의 자본으로 위험을 무릅쓰는 일은 어리석다고 결론을 내린다. 게다가 자본이 축적되기도 전에 세금으로 빼앗겨버리기 때문에 위험을 감수할 수 있는 자본 자체도 크게 줄어든다. 간단히 말해 새로운 민간 부문 일자리를 제공하기 위한 자본은 새로 출현하지 못하고, 기존의 자본은 새로운 기업의 설립을 단념한다. 정부 지출자들은 그들이 해결하겠다고 공언한 바로 그 실업 문제를 만들고 있다.

물론 어느 정도의 세금은 필수적인 정부의 기능을 수행하기 위해 꼭 필요하다. 이러한 목적을 위한 합리적인 세금은 생산에 큰 타격을 주지 않는다. 합리적인 세금을 바탕으로 한 정부 서비스는 생산 자체를 보호하고, 세금 이상의 보상을 제공한다. 그러나 국민소득에서 세금이 차지하는 비율이 커질수록 민간 생산과 고용에 대한 제한 역시 커진다. 감당할 수 있는 수준을 넘어서는 세금이 부과되면 이는 반드시 생산을 저해하거나 방해한다.

신용 제공은 생산의 방향을 바꾼다

어떤 사업에 대한 정부의 장려는 때때로 정부의 제재만큼이나 두려워할 만하다. 정부의 장려는 정부가 보조금 성격의 직접신용을 제공하거나 민간 대출을 정부가 보증하는 간접신용을 통해 이뤄진다.

'정부의 신용' 문제는 인플레이션 가능성을 내포하기 때문에 복잡해지곤 한다. 각종 인플레이션의 영향에 대해서는 다른 장에서 분석할 것이다. 여기서는 단순화를 위해 신용 제공이 인플레이션을 유발하지 않는다고 가정하겠다. 나중에 알게 되겠지만, 인플레이션은 분석을 복잡하게 할 뿐 논의된 정책의 결과를 근본적으로 바꾸지 않는다.

국회에서는 농민에게 더 많은 신용을 제공하자는 안건이 빈번하게 논의된다. 대부분 국회의원들의 눈에 농민은 충분한 신용(대출)을 얻지 못하고 있는 것처럼 보인다. 민간 주택금융 회사, 보험회사 또는 지방은행에서 제공하는 신용은 결코 '충분'하지 않다. 국회는 수많은 대출기관이 새로 생겨나도 결코 채워지지 않는 부족분을 항상 찾아낸다. 농민은 충분한 장기신용 또는 단기신용을 갖고 있을 수 있지만, 그들에게 충분한 중기신용이 없다거나 금리가 너무 높다거나 또는 부유하고 확실히 자리를 잡은 농민에게만 개인 대출이 주어진다고 불평한다. 이에 새 대출기관과 새로운 형태의 영농대출에 관한 법률이 국회에서 경쟁하듯 만들어진다.

이러한 정책에 대한 믿음은 두 가지 근시안적 행동에서 비롯된다. 하나는 돈을 빌리는 농부들의 입장에서만 그 문제를 살펴보는 것이고, 다른 하나는 거래의 전반부만을 생각하는 것이다.

모든 대출금은 정직한 대출자의 입장에서 생각하면 결국에는 갚아야 하는 돈이다. 신용 제공은 전부 빚이다. 따라서 신용 제공을 늘리자는 제안은 부채 부담을 늘리자는 제안의 또 다른 표현일 뿐이다. 만약 신용 증대 대신 으레 부채 증대라고 불린다면, 상당히 덜 매력적으로 보일 것이다. 여기서는 민간기관을 통해 농부에게 지급되는 일반적인 대출에 대해서는 논의할 필요가 없다. 주택담보대출, 자동차, 냉장고, TV, 트랙터 및 기타 농기계의 할부 구매, 농작물을 수확해 판매해서 수금할 때까지 견딜 수 있도록 해주는 은행 대출 등이 여기에 속한다. 우리가 관심을 가져야 하는 대출은 정부가 농부에게 직접 제공한 대출이나 지급보증을 해준 대출이다. 이 대출은 두 가지 주요 유형으로 나뉜다. 하나는 농부가 작물을 시장에 내다 파는 것을 막는 대출이다. 이는 특히 해로운 유형인데, 나중에 정부의 상품 통제 문제에 관해 이야기할 때 함께 생각해보는 것이 더 수월하니 그때 이야기하도록 하겠다. 다른 하나는 자본을 제공하기 위한 대출이다. 보통 농부가 농장을 직접 구입할 수 있게 하거나, 노새나 트랙터를 구입할 수 있게 하여 농사라는 사업을 시작할 수 있도록 돕는 대출이다.

얼핏 이런 종류의 대출은 그 효과가 강력한 듯 보인다. 여기 생계수단이 전혀 없는 가난한 가족이 있다. 그들에게 정부 구호물자만 제공하는 것은 잔인하고 전혀 생산적이지 않다. 그들에게 농장을 사주고, 농사를 짓게 해주고, 생산적이고 자존심 있는 시민으로 거듭나게 해주고, 국민총생산에 기여하게 하고, 그들이 생산한 것으로 대출을 상환할 수 있게 해야 한다. 혹은 트랙터를 구입하기에 충분한 자본이 없어 원시적인 생산 방법으로 고군분투하고 있는 농부가 있다고 해보자. 그에게 트랙터 살 돈을 빌려주어 그가 생산성을 높일 수 있도록 해야 한다. 곡물 생산량 증대로 그는 대출을 갚을 수 있을 것이다. 이러한 방법으로 우리는 한 사람을 부유하게 하고 자립시킬 수 있을 뿐만 아니라, 추가된 생산량만큼 사회를 더 풍족하게 할 수 있다. 결론적으로 이 대출은 정부와 납세자에게 전혀 피해를 주지 않는다. 왜냐하면 이 대출은 자기변제 방식으로 농부가 상환하기 때문이다.

사실 이와 같은 일은 민간 대출기관을 통해서 매일 일어난다. 만약 어떤 사람이 농장을 사고 싶어 하는데, 돈이 농장 가격의 3분의 1 정도밖에 없다면 이웃이나 은행은 그에게 농장을 담보로 나머지 비용을 빌려줄 것이다. 만약 그가 트랙터를 사고 싶어 한다면, 트랙터 회사나 금융회사는 그가 전체 가격의 3분의 1만 우선 지급하고 트랙터를 받을 수 있도록 하고, 나머지 금액은 트랙터를 통해 추가적으로 얻는 수입으로 분할 상환하게 할 것이다.

그러나 민간 대출과 정부 대출 사이에는 결정적인 차이가 있다. 각 민간 대출기관은 자신의 자금으로 사업을 운영한다. (은행가는 사실 다른 사람이 자신에게 맡긴 자금을 운영하지만, 손실을 보면 자신의 자금으로 상환하거나 사업을 그만둬야 한다.) 사람들은 일반적으로 자기 자신의 자금을 투자할 때 더욱 신중하게 담보자산의 적절성, 대출자의 사업 감각과 신뢰성 등을 조사한다.

　　만약 정부가 민간기관과 같은 엄격한 기준으로 대출금을 운영한다면, 그 분야에 진출해야 할 이유가 없다. 왜 민간기관이 이미 하고 있는 일을 정부까지 나서서 해야 할까? 그러나 정부는 거의 항상 다른 기준으로 대출금을 운영한다. 사실, 정부는 민간 대출자로부터 대출을 받을 수 없는 사람들에게 대출을 해주기 위해서 대출 사업에 진출한다. 그것이 유일한 이유다. 이는 결과적으로 정부가 다른 사람(납세자)들의 돈으로 민간 대출업자들이 자기 자금으로는 감당하지 않을 위험을 감수하겠다는 말과 똑같다. 사실 정부 대출 옹호론자들도 민간 대출의 손실비율보다 정부 대출의 손실비율이 높다는 것을 인정할 것이다. 그러나 그들은 국가 전체적으로 봤을 때 이 손실이 성실히 상환하는 차입자와 심지어 상환하지 않는 차입자로 인해 증가된 생산으로 상쇄되고도 남을 것이라고 이야기한다.

　　이 주장은 정부가 자금을 제공하는 특정 대출자들에게 관심을 집중하고, 그로써 자금을 빼앗기는 사람들을 간과할 때만 그럴듯해 보일 것이다. 왜냐하면 실제로 대출되는 것은 그저 교환의 매개수단인 화폐가 아니라 자본이기 때문이다. (신용 확장에 따른 인플레이션으로 야기되는 문제점은 차후에 다루겠다고 이미 이야기했다.) 말하자면, 실제로 대출되는 것은 농장이나 트랙터 그 자체다. 현재 존재하는 농장 수는 제한돼 있고 트랙터의 생산도 제한돼 있다. A에게 빌려주는 농장이나 트랙터는 B에게 빌려줄 수 없다. 그러므로 진짜 문제는 A와 B 중 누가 농장과 트랙터를 얻을 것인가이다.

이는 A와 B 각각의 장점이 무엇인지, 각각이 생산에 어떤 기여와 공헌을 할 수 있는지에 대한 판단을 필요로 한다. 정부가 개입하지 않았을 때 농장을 얻을 사람이 A라고 가정하자. 자신의 자금을 투자할 곳을 찾고 있는 지역 은행가나 그의 이웃들은 그에 대해 많은 것을 알고 있다. 그들은 A가 훌륭한 농부고, 약속을 지키는 사람이라는 것을 안다. 그들은 A에게 투자하는 것은 적절한 위험이라고 생각한다. A는 아마 부지런함과 검소함과 통찰력을 통해 이미 농장 가격의 4분의 1을 지불하기에 충분한 자금을 축적했을 것이다. 그들이 A에게 나머지 4분의 3을 빌려주면 A는 농장을 갖게 된다.

통화론자monetary cranks들은 은행이 개인에게 신용을 부여한다는 이상한 생각을 한다. 하지만 신용은 오히려 개인이 이미 갖고 있는 것이다. 아마도 자신이 요구하는 대출금보다 현금가치가 더 큰 시장성 있는 자산이 있기 때문에, 혹은 인격과 과거의 성실한 행실 덕에 그는 신용을 지닌다. 그는 그 신용을 갖고서 은행에 간다. 그것이 은행원이 그에게 대출을 해주는 이유다. 그 은행은 공짜로 뭔가를 주는 게 아니다. 은행은 그가 원리금을 성실히 갚으리라 확신한다. 은행은 단지 좀 덜 유동적인 형태의 자산이나 신용을 더 유동적인 형태로 교환해줄 뿐이다. 때때로 실수를 저지르기도 하는데, 그로 인해 은행뿐 아니라 사회 전체가 고통을 받는다. 대출자에 의해 생산됐어야 했던 가치가 생산되지 않고, 자원이 낭비됐기 때문이다.

자, 은행이 대출을 해줄 사람이 신용 있는 A라고 가정해보자. 그러나 정부는 이른바 B에 대한 걱정 때문에 자선적인 마음으로 대출 사업에 진출한다. B는 신용이 없기 때문에 민간 대출기관에서 담보대출이나 다른 대출을 받을 수 없다. 그에게는 저축이 없다. 그는 좋은 농부로서 인상적인 경력을 갖추고 있지 않다. 그는 아마도 지금 정부구호를 받아야 할 상황에 놓여 있을 것이다. 정부신용 옹호론자들은 그에게 농장과 노새, 트랙터를 구입하는 데 충분한 자금을 빌려주고 사업을 시작하게 함으로써 그를 쓸모 있고 생산적인 사회 구성원으로 만들자고 말한다.

아마도 개별적인 경우라면 꽤 괜찮은 생각일지도 모른다. 그러나 일반적으로 이러한 정부 기준으로 선택된 사람이 민간 기준으로 선택된 사람보다 더 위험성이 크다는 것은 명백하다. 그들에게 내준 대출로 더 많은 돈이 손실될 것이다. 그들은 사업에 실패할 확률이 훨씬 더 높을 것이다. 그들은 훨씬 비효율적이다. 그들은 더 많은 자원을 낭비할 것이다. 그럼에도 정부신용을 받은 사람들은 정부의 관여가 없었다면 민간신용을 받았을 사람들의 희생 위에 농장과 트랙터를 얻게 될 것이다. B가 농장을 얻음으로써 A는 농장을 가질 기회를 빼앗긴다. 정부가 간섭한 결과 금리가 올랐거나 농장 가격이 올랐거나 주변에 더 이상 구매할 수 있는 다른 농장이 없기 때문에 A는 농장을 구입할 수 없다. 정부의 신용 제공은 최종적으로 지역사회가 생산하는 부의 양을 증가시키지 않고 그것을 줄이는 결과를 낳는다. 가용 실물자본이 덜 효율적이고 더 신뢰할 수 없는 사람들의 손에 맡겨졌기 때문이다.

⠿

농업에서 다른 형태의 사업으로 사례를 전환하면 상황이 더욱 분명해진다. 민간기업이 수행하기에 너무 위험이 큰 사업을 정부가 주도해야 한다는 계획은 어느 누구도 자기 자신의 자본으로는 하지 않으려 드는 사업을 정부가 납세자의 돈으로 위험을 감수하며 수행해야 한다는 의미다.

정부가 주도적으로 위험을 감수하는 이러한 정책은 여러 종류의 폐해를 초래할 것이다. 친구들에게 대출을 해주거나 뇌물을 대가로 대출을 해주는 편파적인 선심공세가 펼쳐지고, 이는 필연적으로 스캔들로 이어질 것이다. 납세자들의 돈이 실패한 기업에 버려질 때마다 비난이 들끓을 테고, 사회주의에 대한 요구가 늘어날 것이다. 정부가 위험을 감수할 거라면 그에 대한 수익을 얻지 말아야 할 이유가 어디 있단 말인가. 납세자들의 위험 감수로 사적 자본가들이 이익을 유지하도록 허용하는 데에는 어떤 정당성도 있을 수 없다. (그러나 나중에 정확히 다시 이야기하겠지만 농민에 대한 '무상환 정부 대출'은 이미 우리가 하고 있는 일이다.)

그러나 여기서는 당분간 다른 모든 폐해를 무시하고 정부 주도 대출에 따른 단 한 가지 결과에 집중하기로 하겠다. 바로 정부 주도 대출

사업이 자본의 낭비와 생산의 감소를 야기한다는 것이다. 정부는 가용 자본을 나쁘거나 기껏해야 불확실한 프로젝트에 투입할 것이다. 정부는 가용 자본을 능력이 부족하거나 신뢰성이 떨어지는 사람들의 손에 넘길 것이다. (인쇄기로 찍어내면 되는 화폐와는 달리) 실물자본의 양은 언제 어느 때나 제한돼 있다. B의 손에 주어진 자본을 A의 손에도 쥐여줄 수는 없다.

사람들은 자신의 자본을 투자하기를 원한다. 그러나 그들은 조심스럽다. 그들은 투자가 완료되면 투자금을 회수할 수 있기를 바란다. 그러므로 대부분의 대출자는 자신의 돈을 갖고 위험을 선택하기 전에 어떤 제안이든 주의 깊게 조사한다. 그들은 이익 전망과 손실 가능성을 저울질한다. 때때로 실수를 할지도 모른다. 그러나 여러 가지 이유로 민간은 정부 대출자보다 실수를 덜할 것이다. 그 돈은 자신의 것이거나 자발적인 위탁을 받은 것이다. 정부 대출의 경우 그 돈은 다른 사람들의 것이고, 개인적인 소망과 상관없이 세금으로 징수한 것이다. 민간 대출은 이자나 이윤으로 상환되리라 확실시될 때에만 투자될 것이다. 이는 그 돈을 대출받은 사람이 실제로 사람들이 원하는 것을 시장에 공급할 것으로 기대된다는 신호다. 반면, 정부 자금은 고용창출 같은 모호한 일반적 목적으로 대출될 가능성이 높으며 일이 비효율적일수록, 즉 제품의 가치에 비해 필요한 고용의 양이 많을수록 투자가치가 크다고 생각될 가능성이 높다.

게다가, 민간 대출기관은 잔혹한 시장의 검증에 의해 선택된다. 만약 실수하면 돈을 잃게 되고 더 이상 빌려줄 돈이 없어진다. 그들이 과거에 성공적으로 사업을 했을 경우에만, 미래에 더 많은 돈을 빌려줄 수 있다. 따라서 민간 대출자들(유산으로 자금을 조달한 비교적 소수의 민간 대출자는 제외하고)은 적자생존 과정에 의해 엄격하게 선택된다. 반면, 정부 대출자들은 공무원 시험을 통과하고 가설적 질문에 어떻게 가설적으로 대답해야 하는지 아는 사람이거나, 대출을 해야 하는 가장 그럴듯한 이유를 제시할 수 있고, 대출 실패가 그들의 잘못이 아니라는 가장 그럴듯한 이유를 제시할 줄 아는 이들이다. 최종 결과를 보자면, 민간 대출이 정부 대출보다 한정된 자원과 자본을 훨씬 더 잘 이용한다. 정부 대출은 민간 대출보다 훨씬 더 많은 자본과 자원을 낭비한다. 간단히 말해, 정부 대출은 민간 대출과 비교했을 때 생산을 증가시키기보다 감소시킨다.

정부 대출을 해야 한다는 제안은 B는 보지만 A를 잊어버리자는 제안이다. 그 제안은 혜택을 받는 사람에게는 관심을 갖지만, 정부 혜택으로 인해 자기가 얻을 수 있던 것을 얻지 못한 사람은 간과한다. 자본이 투여된 프로젝트에는 관심을 갖지만, 정부 관여로 자본을 빼앗긴 프로젝트는 잊는다. 한 집단이 받는 즉각적인 이익은 보지만, 다른 집단이 입는 손실과 지역사회 전체의 순손실은 간과한다.

민간 기업 및 개인에 대한 정부의 대출보증은 직접적인 정부 대출 사례보다 확연하게 드러나 보이지는 않지만, 거의 그만큼 강력하다. 정부의 대출보증을 옹호하는 사람들은 대출되는 것이 궁극적으로는 공급에 한계가 있는 실물자본이며, 눈앞에 보이는 B를 돕기 위해 정체불명의 A를 희생시키고 있다는 사실을 잊는다.

정부가 보증하는 주택담보대출, 특히 그중에서도 적절한 보증금이 미미하거나 없을 경우에는 그렇지 않을 때보다 악성대출이 많아질 수밖에 없다. 정부 보증 주택담보대출은 일반 납세자들에게 고약한 위험에 보조금을 지급하고 손실을 보상하도록 강요한다. 또한 사람들로 하여금 그들이 실제로는 감당할 수 없는 집을 구매하도록 장려하고, 결국 일반적인 상황에 비해 주택 공급 과잉을 초래하는 경향이 있다. 이 대출은 일시적으로 건물 건축을 과도하게 자극하고, (정부가 보증한 대출금으로 주택을 구입하는 사람을 포함해서) 모든 사람의 건축 비용을 증가시키며, 건축 산업을 결국은 비용이 많이 드는 과대확장으로 잘못 이끌어간다. 장기적으로 이러한 보증대출은 전반적인 국가 생산을 증가시키지 않고 악성투자만 장려한다.

ıl

우리는 이 장 초반부에서 정부의 사업 장려를 정부의 제재만큼이나 우려해야 한다고 언급했다. 이 이야기는 정부 대출금과 정부 보조금에도 똑같이 적용된다. 정부는 민간에게서 세금을 거둬들이지 않고서는 결코 돈을 빌려주거나 제공할 수 없다. 우리는 종종 뉴딜정책 지지자들이 1932년 이후에 설립된 재건금융기관Reconstruction Finance Corporation, 주택담보대출기관Home Owners Loan Corporation 등의 정부 대행기관들을 이용해서 정부가 사업을 구제한 방식을 자랑하는 소리를 듣는다. 그러나 정부는 사전에 혹은 사후에 기업으로부터 세금을 거둬들이지 않고는 절대로 기업에 어떠한 재정적 도움도 줄 수 없다. 정부의 자금은 모두 세금에서 나온다. 심지어 그들이 크게 자랑스러워하는 '정부신용'도 결국에는 세금 수입으로 상환될 것이라는 가정에 근거하고 있다.

정부가 민간기업에 대출을 해주거나 보조금을 지급하는 행동은, 성공한 민간기업에 세금을 부과해서 실패한 민간기업을 지원하는 것과 다르지 않다. 특정 비상 상황에서는 정부 대출이 필요하다는 주장이 그럴듯하게 들릴 수 있는데, 그 장점에 관해서는 여기서 검토할 필요가 없다. 그러나 국가 전체의 관점에서 장기적으로 보자면 이는 결코 수지맞는 제안처럼 들리지 않으며, 수많은 사례가 이를 증명한다.

기술이
실직을 부른다?

모든 경제학적 망상 중에서 기계가 실업을 만든다는 믿음은 가장 그럴듯하게 보인다. 그 믿음은 수천 번 깨졌으나 그 잿더미 속에서 변함없이 단단하고 활발하게 솟아올랐다. 장기간에 걸친 대량 실업이 발생할 때마다 기계는 비난을 받는다. 이 오류는 수많은 노조가 여전히 벌이고 있는 관행의 근간이다. 대중은 이러한 관행을 용인하는데 이는 근본적으로 노조가 옳다고 믿기 때문이거나, 아니면 그들이 왜 틀렸는지 판단할 수 없을 정도로 혼란스럽기 때문이다.

기계가 실업을 일으킨다는 믿음은 논리적인 일관성을 갖고 살펴보면 터무니없는 결론으로 귀결된다. 그 믿음에 따르면 오늘날 우리가 하고 있는 모든 기술적 개선이 실업을 야기할 뿐만 아니라, 원시인이 불필요한 노역과 땀에서 벗어나기 위해 노력한 순간부터 실업이 생겨나기 시작했다고 봐야 한다.

과거로 오래 거슬러갈 필요도 없이 1776년에 출판된 애덤 스미스

Adam Smith의 《국부론》을 살펴보자. 이 유명한 책 제1장 〈분업〉의 두 번째 페이지에서 저자는 다음과 같이 말한다. 핀 만드는 공장에서 기계를 사용할 줄 모르는 노동자는 "하루에 한 개의 핀도 만들 수 없거나 잘해 봐야 최대 스무 개의 핀을 만든다. 그러나 기계를 사용할 수 있는 숙달된 노동자는 하루 4,800개의 핀을 만들 수 있다." 이미 애덤 스미스 시대에 기계가 240명에서 4,800명에 이르는 핀 만드는 사람을 실직하게 만든 것이다. 기계로 인해 핀 제조 산업에는 이미 99.98%의 실업이 발생했다. 상황이 더 암울해질 수 있을까?

산업혁명이 막 시작 단계였기 때문에 상황이 더 어두웠을 수도 있다. 그 혁명의 몇몇 사건과 양상을 살펴보자. 예를 들어, 양말 제조업에 새로 도입된 양말 직조기계는 수작업으로 양말을 만들던 노동자들에 의해 파괴됐고, 집이 불에 탔으며, 발명가들은 생명을 위협받고 도망칠 수밖에 없었다(한 번의 폭동에 1,000명 이상의 노동자가 참여했다). 결국 군대가 동원돼 주동자들이 추방되거나 교수형에 처해질 때까지 질서는 회복되지 않았다.

자신의 눈앞에 닥친 일이나 심지어 더 먼 미래를 생각한다면, 기계에 대한 폭도들의 반대가 합리적이었음을 명심해야 한다. 윌리엄 펠킨William Felkin은 그의 책 《기계가 변화시킨 양말 제조업의 역사History the Machine-Wrought Hosiery Manufactures》(1867년)에서 (믿기 어렵겠지만) 5만 명에 달하는 영국의 양말 짜는 사람들과 그 가족이 기계 도입으로 말미암아 40년 동안이나 배고픔과 고통에서 완전히 벗어나지 못했다고 말한다. 그러나 기계가 영구히 사람을 대신한다는 그들의 믿음은 잘못된 것이었다. 19세기 말이 되기 전, 양말 산업은 19세기 초보다 최소한 100배 이상의 사람을 고용하고 있었다.

아크라이트Arkwright는 1760년에 방적기계를 발명했다. 당시 영국에는 물레 방적공이 5,200명, 베를 짜는 직공이 2,700명으로 모두 7,900명이 면직물 생산에 종사하고 있었던 것으로 추정된다. 아크라이트의 방적기 도입이 노동자의 생계를 위협한다는 이유로 폭동이 일어났고 이는 강제로 진압됐다. 그러나 1787년, 즉 발명품이 발표된 지 27년 후에 실시한 의회 조사에 따르면 실제로 면직물 생산에 종사하는 사람의 수는 7,900명에서 32만 명으로 4,400% 증가했다.

만약 독자들이 데이비드 A. 웰스David A. Wells가 1889년 쓴 《최근의 경제 변화Recent Economic Change》 같은 책을 참조한다면, 관련된 날짜와 절대 금액을 제외하고 오늘날 테크노포브Technophobe(최신 기술을 두려워하는 사람_옮긴이)들이 썼을 법한 구절들을 찾을 수 있을 것이다. 몇 가지 예를 들어보면 다음과 같다.

1870년부터 1880년까지 10년 동안, 영국 상선은 외국의 입항과 허가 문제만으로 물동량을 2,200만 톤까지 증가시켰다. (…) 그러나 이 엄청난 물동량을 위해 1880년에 고용된 사람의 수는 1870년에 비해 약 3,000명 감소했다(정확하게는 2,990명). 무슨 일이 일어난 것일까? 부두와 선창에 증기 기중기와 곡식 엘리베이터를 도입하고, 증기력을 이용하는 등의 변화가 있었다. (…)

1873년 영국의 베세머 강철Bessemer steel은 보호관세로 인해 가격이 오르지 않아서 톤당 가격이 80달러였다. 1886년에는 같은 나라에서 톤당 20달러 이하로 판매하고도 이윤을 남길 만큼 수익성 있게 제조되었다. 같은 기간에 베세머 전로converter의 연간 생산 능력은 네 배 증가했는데, 노동자 수는 증가하지 않고 오히려 감소했다.

베를린 통계청에 따르면 1887년에 작동되고 있는 세계의 증기기관 규모는 약 2억 마력, 즉 약 10억 명의 인력 또는 지구상에 있는 노동인력의 세 배에 달한다.

어떤 사람은 이 마지막 수치가 웰스를 멈칫하게 했으리라 생각할 것이다. 그리고 1889년에 왜 세상에 고용이 남아 있는지 의아해할 것이다. 하지만 웰스는 담담하게 "이러한 상황에서 산업의 과잉생산은 만성화될 수도 있다"라고 비관적으로 결론을 내렸다.

1932년 대공황 때, 실업을 기계 탓으로 돌리는 게임이 다시 시작됐다. 몇 달 사이 스스로를 테크노크래츠Technocrats라고 부르는 한 단체의 학설이 들불처럼 전국에 퍼졌다. 나는 이 단체가 제시한 환상적인 수치를 나열하거나 진정한 사실이 무엇인지를 보여주기 위한 설명으로 독자들을 지치게 하지 않을 것이다. 테크노크래츠는 기계가 영구히 사람을 대체한다는 본래의 오류로 되돌아갔다고 해도 과언이 아니다. 단, 그들은 무지의 소치로 이 오류를 새롭고도 혁명적인 발견으로 제시했다. 그야말로 "과거를 기억하지 못하는 이들은 그것을 반복하는 벌을 받는다"는 산타야나George Santayana의 격언을 보여주는 또 다른 실례였다.

테크노크래츠는 마침내 웃음거리가 되어 사라졌지만, 그들의 학설은 그대로 남았다. 그 학설은 노동조합이 만든 수많은 작업 규칙과 과잉 고용 관행에 반영돼 있다. 그리고 이러한 규칙과 관행은 대중의 혼란으로 인해 묵인되고 심지어 승인되기도 한다.

1941년 3월 (TNEC로 더 잘 알려진) 국가경제임시위원회에서 미 법무부를 대표하여 코윈 에드워즈Corwin Edwards는 그러한 관행의 무수한 예를 인용했다. 뉴욕 시의 전기 조합은 전기장비가 설치 작업장에서 분해되어 재조립되지 않는 한, 뉴욕 주 밖에서 만들어진 전기장비는 설치하지 않겠다고 거부한 혐의로 기소됐다. 텍사스 주 휴스턴에서는 배관공들과 배관공 조합이 파이프 한쪽 끝의 나사가 이미 만들어져 있고 다른 쪽 새 나사를 작업 장소에서 만들어야 할 때에만 미리 조립돼 있는 파이프를 설치하는 데 동의했다. 도장공 조합은 여러 지역에서 페인트 분무기의 사용에 제한을 가했고, 붓으로 페인트를 칠하는 더 느린 작업 방식을 요구하는 등 불필요한 작업을 만들기 위해 많은 방법을 고안했다. 지역의 트럭 운전사 조합은 뉴욕 도심 안으로 들어가는 모든 트럭에는 이미 고용된 운전사 외에 지역 운전사가 추가로 있어야 한다고 요구했다. 여러 도시에서 전기 조합은 건설 작업에 임시 조명이나 전력을 사용해야 하는 경우, 반드시 전일full-time 전기 기술자가 있어야 하며 그는 전기공사를 하지 않아야 한다고 요구했다. 에드워즈에 따르면 이 규칙은 종종 "일과를 시작할 때와 끝낼 때 스위치를 켜고 끄는 것 이외에는 하루 종일 독서를 하거나 카드놀이를 하면서 시간을 때우는 사람을 고용하게 한다."

다른 많은 분야에서도 이런 작업 관행의 사례를 들 수 있다. 철도 노동조합은 화부가 필요 없는 기관차에도 화부가 고용돼야 한다고 주장했다. 극단 조합은 심지어 무대배경이 사용되지 않는 연극에도 무대배경 교환수를 고용하라고 주장했다. 음악가 조합은 단지 음반만 있어도 되는 많은 경우에도 실제 음악가나 심지어 전체 오케스트라를 고용하라고 요구했다.

1961년까지 오류가 사라질 징후는 없었다. 노조 지도자들뿐만 아니라 정부 관리들도 실업의 주요 원인이 자동화라고 진지하게 말했다. 당시 자동화는 마치 완전히 새로운 것인 양 논의됐다. 하지만 자동화는 사실 지속적인 기술 발전, 더 나아가 노동절약 장비의 발전에 붙은 새로운 이름일 뿐이다.

ıll

그러나 오늘날까지도 경제에 무지한 사람뿐만 아니라 경제 전문가라는 사람들도 노동절약 기계에 반대하고 나선다. 1970년에만 해도 노벨경제학상 후보에 오를 정도로 명망 높은 작가가 그의 책에서 노동절약형 기계가 "노동수요를 감소시킨다"[2]는 이유로 저개발국가의 노동절약형 기계 도입을 반대했다. 이 주장의 논리적인 결론은 모든 노동력을 가능한 한 비효율적이고 비생산적으로 만드는 것이 일자리를 최대화하는 방법이라는 것이다. 이는 19세기 초에 양말 짜는 기계, 증기동력 직기, 그리고 양털 깎기 기계를 파괴한 영국 러다이트Luddite 폭도가 결국에는 옳은 일을 했다는 것을 암시한다.

　과거 테크노포브의 생각이 얼마나 잘못됐는지를 보여주는 수치는 산처럼 많다. 하지만 그들이 왜 틀렸는지 명확하게 이해하지 못한다면 그 많은 자료는 아무 소용도 없을 것이다. 통계와 역사는 사실에 대한 기본적이고 연역적 이해 없이는 경제학에서 무용지물이다. 즉 이 경우에는 기계 및 기타 노동절약 장치의 도입으로 인해 과거의 결과가 발생한 이유를 이해하지 않는 한 아무 소용이 없다. 그렇지 않으면 테크노포브들은 (당신이 그들의 전임자들이 퍼뜨린 예언이 터무니없다는 것을 지적했을 때 그들이 실제로 그러듯) "예전에는 그랬겠지만 오늘날의 상황은 근본적으로 다르며, 이제 우리는 더 이상 노동절약 기계를 개발할 여력이 없다"라고 주장할 것이다. 엘리너 루스벨트Eleanor Roosevelt는 1945년 9월 19일 신문 칼럼에 다음과 같이 썼다. "우리는 노동절약 장치가 노동자를 직장에서 쫓아내지 않을 때만 그 장치를 좋아하는 지점에 이르렀다."

　만약 노동절약 기계의 도입이 실제로 실업과 고통을 끊임없이 증가시키는 원인이라면, 기술 분야뿐만 아니라 문명의 전체 개념에 있어서도 혁명적인 결론에 도달할 것이다. 우리는 모든 기술적 진보를 재앙으로 간주해야 할 뿐만 아니라, 과거의 모든 기술적 진보를 동등한 공포로 여겨야 한다. 우리 모두는 매일 각자에게 주어진 목표를 더 적은 노력으로 달성하기 위해 애쓴다. 우리는 자신의 노동력을 아끼고 자신의 목적을 달성하는 데 필요한 수단을 절약하려고 노력한다. 크든 작든 모든 고용주는 지속적으로 조금 더 경제적으로 효율적인 결과를 얻기 위해 노력한다. 노동력을 절약함으로써 말이다. 모든 지적인 노동자는 할당된 일을 완수하는 데 필요한 노력을 줄이려고 노력한다. 우리 중 가장 야심 찬 사람은 주어진 시간 안에 달성할 수 있는 성과를 증대시키기 위해 지칠 줄 모르는 노력을 기울인다.

만약 테크노포브들이 논리적이고 일관적이라면, 이 모든 진전과 독창성을 쓸모없을 뿐만 아니라 악랄하다고 치부해야 할 것이다. 예를 들어, 시카고에서 뉴욕으로 화물을 실어 나를 때 엄청나게 많은 사람을 고용할 수도 있는데 왜 기차로 화물을 운반해야 하는가?

이와 같은 잘못된 이론은 결코 논리적 일관성을 지니지 않지만, 어쨌거나 사람들에게 받아들여지기 때문에 큰 해를 끼친다. 그러므로 기술적 개선이 이뤄지고 노동절약적 기계가 도입됐을 때 어떤 일이 일어나는지 정확히 알아보도록 하자. 세부사항은 특정 산업이나 기간에 널리 퍼져 있는 특정 조건에 따라 달라질 것이다. 그러나 여기서는 가능성이 높은 예를 상정해 살펴볼 것이다.

한 의류 제조업자가 이전에 비해 절반의 노동력으로 남자와 여자의 오버코트를 만드는 기계를 알게 됐다고 가정해보자. 그는 기계를 설치하고 노동력을 절반으로 줄인다.

이는 언뜻 보기에는 분명히 고용의 감소처럼 보인다. 그러나 기계를 만들려면 노동력이 필요하다. 따라서 기계를 도입하지 않았다면 존재하지 않았을 일자리가 생겨서 줄어든 일자리가 상쇄된다. 그러나 의류 제조업자는 절반의 노동력으로 더 좋은 옷을 만들거나, 동일한 옷을 더 싸게 만들 수 있을 때에만 이 기계를 채택할 것이다. 후자의 경우를 가정한다면, 기계를 만들기 위한 노동자 수가 의류 제조업자가 기계를 채택함으로써 장기적으로 감축하기를 바라는 노동자 수보다 적어야 한다. 그렇지 않으면 경제적 이득이 없을 테고 그는 기계를 도입하지 않을 테니 말이다.

여전히 고용의 순손실을 고려해야 하는 이유다. 그러나 우리는 적어도 노동절약 기계의 도입으로 인한 첫 번째 순효과도 고용 증가가 될 수 있다는 실질적인 가능성을 염두에 둬야 한다. 왜냐하면 의류 제조업자가 기계를 채택함으로써 돈을 절약하기를 기대하는 것은 장기간에 걸친 일이기 때문이다. 기계로 '본전을 뽑으려면' 몇 년이 걸릴 수도 있다.

기계가 그 비용을 상쇄하기에 충분한 경제적 이익을 창출한 후에야 의류 제조업체는 전보다 더 많은 이익을 얻는다(여기서는 그가 코트를 경쟁자들과 같은 가격으로 팔고 더 싸게 팔기 위해 노력하지 않는다고 가정한다). 이 시점에 이르면, 노동자는 고용의 순손실을 입고 자본가인 제조업자들만 이익을 본 것처럼 보일지도 모른다. 그러나 그 후의 사회적 이익은 정확히 이러한 초과이익에서 나온다. 제조업자는 이 초과이익을 다음 세 가지 방법 중 하나로 사용해야 하며, 아마 세 방법 모두를 적절히 혼합해 사용할 것이다. (1) 더 많은 코트를 만들기 위해 더 많은 기계를 구입하여 사업을 확장한다. (2) 다른 산업에 투자한다. (3) 자신의 소비를 늘린다. 이 세 가지 방법 중 어느 것을 선택하든 그는 고용을 늘릴 것이다.

다시 말해, 이 제조업자는 효율적 경제활동의 결과로 전에 없던 이윤을 얻는다. 그는 예전에 코트 제조 노동자들에게 임금으로 직접 지급하던 1달러를 절약하여, 이제 새로운 기계 제조업자, 또는 다른 산업의 노동자들, 또는 자신을 위한 새 집이나 자동차 제조업자, 또는 아내를 위한 보석과 모피 제조자에게 간접적인 임금을 지불한다. 어떤 경우든 (그가 의미 없이 부를 쌓아두는 사람이 아니라면) 그는 직접적인 일자리 제공을 중단한 만큼 간접적인 일자리를 제공한다.

그러나 이 문제는 이 단계에서 끝나지 않고, 끝날 수도 없다. 만약 이 진취적인 제조업자가 경쟁자에 비해 대단한 경제적 이득을 얻는다면, 그는 비용을 들여서 사업을 확장하기 시작하거나 경쟁자들도 기계를 구입하기 시작할 것이다. 다시 한번 기계 제작자들에게 더 많은 일감이 주어질 것이다. 그러는 한편으로 늘어난 경쟁과 생산량이 외투 가격을 낮추기 시작할 것이다. 이제 새 기계를 채택한 사람들에게 더 이상의 초과이익은 없을 것이다. 새 기계를 사용하는 제조사의 이익률은 떨어지기 시작할 것이며, 아직 기계를 채택하지 않은 제조사들은 아예 이익을 내지 못할 수도 있다. 다시 말해 그 절약된 돈이 외투 구매자, 즉 소비자에게 전달되기 시작할 것이다.

이제 외투가 싸졌기 때문에 더 많은 사람이 살 수 있게 됐다. 이는 예전과 같은 수의 외투를 만드는 데에는 더 적은 사람이 필요하지만, 이제는 전보다 더 많은 외투를 만들어야 한다는 의미다. 만일 경제학자들의 말처럼 외투의 수요가 '탄력적'이라면, 즉 외투 가격의 하락으로 인해 과거보다 더 많은 총금액이 외투에 쓰인다면, 새로운 노동절약 기계가 도입되기 이전보다 더 많은 사람이 외투를 만드는 데 고용될 수 있을 것이다. 우리는 이미 양말과 다른 직물의 사례를 통해 이 일이 역사적으로 어떻게 흘러갔는지 살펴봤다.

그러나 새로운 고용은 관련 특정 제품에 대한 수요의 탄력성에만 의존하지 않는다. 외투 가격이 150달러에서 100달러로 줄었지만 코트가 단 한 벌도 추가로 팔리지 않았다고 가정해보자. 그 결과 소비자는 이전과 마찬가지로 새로운 오버코트를 제공받았지만, 제각기 이전에는 갖지 못했을 50달러를 현재는 갖게 됐다. 그러므로 그는 이 50달러를 다른 일에 쓸 것이고, 그로써 다른 분야에서 고용이 늘어날 것이다.

간단히 말해, 기계와 기술의 향상, 자동화, 경제성 및 효율성은 순효과 측면에서 사람을 실직하게 만들지 않는다.

◧◫

물론 모든 발명과 발견이 노동절약 기계의 형태로 나타나는 건 아니다. 예를 들어 정밀기계, 나일론, 합성수지, 합판, 플라스틱 등은 단순히 제품의 질만 향상시킨다. 전화나 비행기 등은 인간이 할 수 없는 작업을 한다. 또한 엑스레이 기계, 라디오, TV, 에어컨과 컴퓨터 등은 발명되지 않았더라면 존재하지도 않았을 상품과 서비스를 가져왔다. 하지만 이후의 설명에서는 현대 테크노포비아의 특별한 대상이 되어온 바로 그 기계들만 고려하기로 하겠다.

물론 순효과 면에서 기계가 사람을 실직하게 하지 않는다는 주장을 강하게 밀고 나갈 수도 있다. 예를 들어, 기계가 없었다면 존재하지 않았을 더 많은 일자리를 만든다는 주장도 때때로 제기된다. 어떤 조건에서는 이 말이 사실일지도 모른다. 기계는 특정 산업에서 엄청나게 많은 일자리를 만들 수 있다. 섬유산업에 대한 18세기의 수치는 좋은 사례다. 현대의 사례도 18세기 섬유산업의 수치에 비견될 만큼 놀랍다. 1910년에 미국에서 새로 만들어진 자동차 산업에 14만 명이 고용됐다. 1920년 제품이 개선되고 생산비용이 절감되면서 자동차 산업계는 25만 명을 고용했다. 계속되는 제품개선과 비용절감으로 자동차 산업에서의 고용은 1930년에 38만 명, 1973년에는 94만 1,000명까지 늘어났다. 1973년까지 51만 4,000명이 항공기 및 항공기 부품 제작 분야에 고용됐고 39만 3,000명이 전자부품 제작산업에 종사했다. 결과적으로 발명품이 개선되고 비용이 절감됨에 따라, 새롭게 계속 만들어지는 사업을 통해 일자리가 창출됐다.

기계가 엄청나게 많은 수의 일자리를 창출했다고 말할 수 있는 절대적인 사례도 있다. 오늘날 세계 인구는 산업혁명이 제대로 진행되기 전인 18세기 중반의 네 배에 이른다. 기계가 이렇게 많은 인구를 낳았다고 이야기할 수 있다. 기계가 없었더라면 세계는 이런 엄청난 인구증가를 유지할 수 없었을 것이다. 그러므로 우리 가운데 넷 중 세 명은 직업뿐 아니라 삶까지도 기계에 빚졌다고 말할 수 있다.

그러나 기계의 주된 기능이나 결과를 일자리 창출이라 여기는 것은 잘못이다. 기계의 발명과 도입이 낳는 실질적인 결과는 생산량을 늘리고 삶의 수준을 높이고 경제적 복지를 증진시키는 것이다. 심지어 가장 원시적인 경제방식으로 살아가던 시기에도 모든 사람을 고용할 방법은 없었다. 완전고용(길고, 지치고, 등골이 빠지는 아주 과도한 완전고용)은 산업적으로 가장 뒤떨어진 국가들의 특징이다. 완전고용이 이미 존재하는 곳에서는 새로운 기계, 발명 및 발견으로 인해 더 많은 고용이 창출될 수 없다. 기계는 오히려 더 많은 비고용자를 만들 것이다(그러나 이는 비자발적인 실업이 아니라 자발적인 실업이다). 왜냐하면 사람들은 이제 더 적게 일할 수 있고, 어린이와 노인은 더 이상 일할 필요가 없기 때문이다.

기계의 역할은 생산 증가와 생활수준의 향상이다. 기계는 다음 두 가지 방법 중 하나의 역할을 수행한다. 소비자를 위해 상품을 더 싸게 만들거나, 노동자들의 생산성 증가를 통해 임금인상을 가능하게 하거나. 즉, 기계는 명목임금을 높이거나 제품 가격을 인하함으로써 동일한 명목임금으로 구매할 수 있는 상품과 서비스를 증가시킨다. 때로는 두 가지 역할을 모두 수행하기도 한다. 실제로 어떤 일이 발생하는지는 그 나라에서 추구하는 통화정책에 의해 결정된다. 그러나 어떤 경우라 해도 기계의 발명 및 발견은 실질임금을 증가시킨다.

∎∎∎

이 주제를 끝내기 전에 한 가지 경고를 해야겠다. 기계 도입의 이차적인 결과를 찾고, 공동체 전체에 실시되는 경제정책이나 개발의 장기적 영향에 관심을 기울인 것은 고전파 경제학자들의 대단한 장점이었다. 그러나 그 와중에 단기적이고 좁은 관점을 때때로 무시한 것은 그들의 결점이었다. 그들은 개발이 특정 집단에 미치는 즉각적인 영향력을 최소화해서 생각하거나 완전히 잊어버리곤 했다. 산업혁명 초기 발명품 중 하나인 양말 짜는 기계를 도입한 결과 실제로 많은 단기적 비극이 생겨났다는 것은 중요한 사실이다.

과거의 비극적인 사실과 그 비극의 현대판 재현은 일부 저술가들을 특정 집단에 미치는 즉각적인 영향만을 바라보는 반대쪽 극단으로 이끌었다. 새로운 기계가 도입되면서 A가 직장에서 쫓겨났다. 이 저술가들은 "A를 주시하라"라고 주장한다. "A가 어떻게 살아가는지 절대 놓치지 않고 지켜보라." 그러나 그들은 계속 A만 주시하면서, 이제 막 새로운 기계를 만드는 직업을 갖게 된 B와 기계를 운영하는 직업을 갖게 된 C와 예전의 절반 가격으로 코트를 살 수 있게 된 D를 잊어버린다. 결국 그들은 오로지 A만을 생각하기 때문에 변화에 반동적이고 비현실적인 정책을 옹호하면서 끝을 맺는다.

적어도 한쪽 눈은 A를 주시해야 한다. 그는 새 기계 때문에 직장에서 쫓겨났지만 곧 다른 직업을 얻을 수 있을 것이다. 심지어 더 나은 직업을 얻을 수도 있다. 그러나 그가 인생의 많은 시간을 바쳐 습득하고 향상시킨 특별한 기술은 시장에서 더 이상 쓸모가 없어졌다. 그의 예전 고용주에게 옛날 기계나 공정에 대한 투자가 갑자기 쓸모없어진 것처럼, 그는 예전 기술에 대한 투자를 잃어버렸다. 그는 숙련된 노동자이며, 숙련된 노동자로서 보수를 받았다. 그가 가지고 있던 단 한 가지 기술이 더 이상 필요 없어졌기 때문에 이제 그는 하룻밤 사이에 다시 미숙련 노동자가 됐고, 지금은 미숙련 노동자의 임금만 기대할 수 있다. 우리는 A를 잊을 수도 없고 잊어서도 안 된다. 그의 개인적인 비극은 산업과 경제가 발전하는 과정에서 흔히 볼 수 있는 사건이다.

A에게 정확히 어떤 것을 해줘야 하는지에 대한 질문(스스로 적응하도록 해야 하는지, 위로금이나 실업급여를 제공해야 하는지, 정부 구제금을 지급해야 하는지, 혹은 정부의 비용으로 새로운 기술교육을 시켜야 하는지)은 여기서 이야기하고자 하는 범위를 벗어난다. 여기서 핵심적인 메시지는 특정 집단에 대한 즉각적인 영향뿐만 아니라 모든 집단에 대한 장기적인 영향까지, 경제정책이나 개발의 모든 주요한 결과를 고려하도록 노력해야 한다는 것이다.

이 문제에 상당한 지면을 할애한 이유는 새로운 기계장치 그리고 발명과 발견이 고용, 생산, 복지에 미치는 영향에 관한 결론이 그만큼 중요하기 때문이다. 이에 대한 나의 주장은 확고하다.

근로시간을 단축하면 일자리가 늘어날까?

앞서 불필요한 일과 과잉고용을 요구하는 노동조합의 다양한 관행에 대해 언급했다. 그러한 관행과 그에 대한 대중의 묵인은 기계에 대한 두려움과 동일한 근본적 오류에서 비롯된다. 바로 더 효율적인 방법이 일자리를 파괴하고, 덜 효율적인 방법이 일자리 창출에 필요하다는 믿음 말이다.

이러한 오류와 결부된 또 다른 믿음이 있다. 바로 세상에는 해야 할 일의 양이 고정돼 있고 만약 그 일을 하는 더 성가신 방법을 생각해내서 일의 양을 추가할 수 있다면, 가능한 한 많은 사람에게 일을 나눠 줄 방법을 생각할 수 있다는 믿음이다.

이 오류는 노동조합이 주장하는 노동세분화의 밑바탕을 이룬다. 대도시 건축업에서 노동세분화는 악명 높다. 벽돌공은 굴뚝에 돌을 사용할 수 없다. 그것은 석기공의 특별한 작업이기 때문이다. 전기 기술자는 전기공사를 하면서 판자를 뜯어내고 다시 붙일 수 없다. 그건 아무리 간단하다 해도 목수의 일이다. 배관공은 샤워기의 누수를 수리하기 위해 타일을 제거하거나 다시 붙이지 않는다. 그건 타일공의 일이다.

경계가 모호한 일에 대한 독점권을 확보하기 위해 노동조합 간에 격렬한 '관할권' 파업이 벌어지고 있다. 미국 철도회사들이 행정소송위원회Attorney-General's Committee on Administrative Procedure에 제출하기 위해 작성한 진술서에 따르면 미국 국가철도조정위원회National Railroad Adjustment Board는 다음과 같은 결정을 무수히 많이 내렸다.

철도 업무에서 전화 통화나 고리를 연결하고 해제하는 것과 같은 극히 사소한 작업이라도, 각각의 분리된 작업은 특정 직원 계층의 독점적 자산이므로 정규업무 과정에서 다른 계층의 직원이 그러한 업무를 수행한다면 그 업무에 대해 추가 임금을 지불해서는 안 되며, 그 업무에 대한 독점적 소유권을 가진 직원 계층이 실직했거나 일시 해고되어 그 작업을 수행치 못한 데 대해 임금을 지불해야 한다.

만약 이와 같은 노동세분화가 단독적인 사례로만 일어난다면 소수의 사람들이 나머지를 희생시켜 이득을 얻는 것이라 할 수 있다. 그러나 이를 관행으로 지지하는 사람들은 이 같은 노동세분화가 항상 생산비용을 증가시켜서 순효과 면에서 더 적은 작업이 수행되고, 더 적은 양의 제품이 생산되도록 한다는 것을 보지 못한다. 한 사람이 할 수 있는 일을 완수하기 위해 두 사람을 고용해야 하는 집주인이 한 사람에게 추가적 고용기회를 제공하게 된 것은 사실이다. 그러나 그가 다른 일을 할 다른 사람을 고용하기 위해 지출할 수 있는 돈은 줄어든다. 두 배의 비용을 지출하고 화장실 누수를 수리했기 때문에 그는 그가 원하는 스웨터를 구입하지 않기로 결정한다. 노동계급의 형편이 더 좋아지지도 않는다. 왜냐하면 불필요한 타일공을 고용했다는 것은 스웨터 짜는 사람이나 기계 다루는 사람을 하루 고용하지 못했다는 의미이기 때문이다. 집주인의 상황은 더 나쁘다. 수리된 화장실과 스웨터를 갖는 대신 그에게는 오직 수리된 화장실만 남는다. 그리고 우리가 그 스웨터를 국가적 부를 계산하는 데 포함시킨다면 그 나라에서는 스웨터 한 개만큼의 부가 줄어든 것이다. 이는 자의적인 노동세분화로 추가적인 일을 만들어내려는 노력이 어떠한 결과를 불러오는지를 상징한다.

그러나 노조 대변인이나 입법자는 종종 일거리 확산을 위한 또 다른 계획을 내놓는다. 그중 가장 흔한 것이 법으로 주당 근로시간을 단축하자는 제안이다. 이로써 일거리가 분산되고 더 많은 일자리가 생길 것이라는 믿음이 기존의 연방 임금노동법에 초과근무 과태료 조항을 넣은 주된 이유 중 하나다. 예를 들어 일주일에 48시간 이상 여성이나 미성년의 고용을 금지하는 이전의 주법州法은 그보다 오랫동안 근무하면 건강과 근로의욕을 해친다는 확신에 근거했다. 몇몇 법률은 장시간 노동이 효율성에 해롭다는 믿음에 바탕을 둔다. 그러나 고용주가 40시간 이상의 주당 근무시간에 정규 시간당 임금보다 50% 높은 급여를 지급해야 한다는 연방법의 조항은 주당 45시간의 노동이 건강이나 효율성에 해롭다는 믿음에 기초하지 않았다. 이는 노동자의 주당소득을 증대하고자 하는 희망과 더불어 고용주가 일주일에 40시간 이상 누군가를 정기적으로 고용하지 못하게 하면 그가 추가 노동자를 고용할 것이라는 바람으로 삽입됐다. 뿐만 아니라 이 글을 쓰고 있는 지금도 주 30시간 또는 주 4일제를 시행함으로써 '실업을 해소하겠다는 계획'이 많이 만들어지고 있다.

개별 노동조합에 의해 시행되거나 법률로 시행되는 이러한 계획의 실제 효과는 무엇인가? 다음 두 가지 경우를 고려해보면 문제가 분명해진다. 첫 번째는 시간당 임금의 변화 없이 기본 근무시간을 주당 40시간에서 주당 30시간으로 줄이는 것이다. 두 번째는 주당 근무시간이 40시간에서 30시간으로 단축되지만, 이미 고용된 개별 노동자가 동일한 주당 임금을 받을 수 있도록 시간당 급여가 인상되는 것이다.

첫 번째 경우를 살펴보자. 시간당 급여는 변하지 않고 주당 근무시간이 40시간에서 30시간으로 단축됐다고 가정하자. 이 계획이 시행되는 시점에 사회에 상당한 실업이 존재한다면 틀림없이 추가적인 일자리가 창출될 것이다. 그러나 각 산업에 정확히 같은 비율의 실업률이 존재해왔고, 새로 고용된 노동자가 그들이 해야 할 작업에 있어서 기존 노동자들보다 덜 효율적이지 않다고 가정하지 않는 한, 이 계획으로 이전과 동일한 급여비용과 작업시간을 유지하는 일자리는 제공할 수 없다. 하지만 각 기술에 해당하는 적절한 수의 추가 작업자를 구할 수 있고, 새로운 작업자가 생산비용을 올리지 않는다고 가정해보자. (시급 인상 없이) 주당 근무시간을 40시간에서 30시간으로 줄이면 어떤 결과가 나올까?

더 많은 노동자가 고용될 테지만 각 노동자는 더 적은 시간을 일할 것이고, 따라서 총 근무시간은 순증가하지 않을 것이다. 생산량이 크게 증가할 것 같지는 않다. 총급여와 구매력은 더 이상 커지지 않을 것이다. (좀처럼 일어나기 어려운) 가장 좋은 가정을 해봐도 기존에 고용된 노동자들이 기존에 실직 상태였던 노동자들에게 보조금을 주는 결과가 나타난다. 신규 노동자가 기존 노동자가 받는 주급의 4분의 3을 받기 위해 기존 노동자도 예전 주급의 4분의 3만 받아야 한다. 기존 노동자는 분명히 이제 더 적은 시간을 일할 것이다. 하지만 이렇게 비싼 비용을 지불하고 더 많은 여가를 구매하는 것은 아마도 그들 스스로 내린 결정이 아니라, 다른 사람들에게 일자리를 제공하기 위해 만들어진 희생이다.

'일거리 확산'을 위해 더 짧은 주당 근무시간을 요구하는 노조 지도자들은 이를 인식하고 있으며, 따라서 모든 노동자가 이익을 챙길 수 있는 형태의 제안을 한다. 더 많은 일자리를 제공하기 위해 주당 근무시간을 40시간에서 30시간으로 줄이되, 시간당 급여를 33.33% 올려서 단축된 근무시간을 보상하라고 요청하는 것이다. 예를 들어, 주당 226달러를 받고 40시간 일하던 노동자가 근무시간을 주당 30시간으로 줄여도 226달러를 받을 수 있도록 시간당 급여를 평균 7.53달러 이상으로 인상하라는 것이다.

그런 계획은 어떤 결과를 낳을까? 첫 번째로 발생할, 그리고 가장 분명하게 일어날 결과는 생산비용의 증가다. 만약 주당 40시간으로 고용된 노동자의 임금이 생산비용, 가격, 이익 수준을 고려한 임금 수준보다 적었다고 가정한다면, 그들은 주간 근로시간을 줄이지 않고도 시간당 임금을 높일 수 있다. 즉, 주 30시간을 일하고 이전과 같은 주당소득을 버는 게 아니라 주 40시간을 일하고 주당 총소득을 3분의 1 늘릴 수 있다. 그러나 만약 주당 40시간으로 고용된 노동자가 생산비용, 가격, 이익 수준을 고려한 임금 수준만큼 높은 임금을 받고 있었다면(그들이 해결하고자 하는 실업의 존재가 그 신호일 수 있다), 시간당 33.33%의 인건비 증가에 따른 생산비용 증가는 기존의 가격, 생산 그리고 비용이 견딜 수 있는 수준을 훨씬 넘어설 것이다. 그러므로 임금률을 높이면 이전보다 실업이 더 심각해질 것이다.

가장 비효율적인 회사들이 먼저 폐업하고, 가장 비효율적인 노동자들이 먼저 실직하게 될 것이다. 생산은 전역에 걸쳐 감소할 것이다. 생산비 상승과 공급 부족으로 가격이 상승해 노동자들은 같은 임금으로 더 적게 살 수밖에 없다. 한편 실업률이 증가하면 수요가 줄어들고 따라서 가격이 하락하는 경향이 있다. 궁극적으로 상품 가격에 어떤 일이 일어날지는 정부가 어떤 통화정책을 시행하느냐에 달려 있다. 그러나 인상된 시간당 임금이 지불될 수 있도록 통화팽창 정책을 추구하면, 이는 단지 실질임금을 낮추는 위장된 방법일 뿐, 노동자가 구매할 수 있는 상품의 양은 이전과 같은 비율로 되돌아갈 것이다. 그 결과는 시간당 임금인상 없이 주당 근로시간을 줄인 것과 같을 것이다. 그리고 이에 대해서는 이미 논의했다.

일거리 확산 계획은 지금까지 우리가 고려해온 것과 같은 종류의 착시현상에 근거하고 있다. 그러한 계획을 지지하는 사람들은 그들이 특정 개인이나 집단에 제공할 수 있는 고용만을 생각한다. 모든 사람에게 어떤 영향을 미칠지 그 전체적인 효과는 고려하지 않는다.

앞서 지적했듯이, 일자리 확산 계획은 해야 할 일의 양이 정해져 있다는 잘못된 가정에 근거하고 있다. 이보다 더 큰 오류는 없을 것이다. 일로 충족할 수 있는 인간의 필요나 소망이 채워지지 않은 상태로 남아 있는 한, 해야 할 일의 양에는 제한이 없다. 현대 교환경제에서 가장 많은 일자리가 존재하는 상황은 가격, 비용 그리고 임금이 서로 최선의 관계에 있을 때 만들어질 것이다. 이 관계에 대해서는 나중에 살펴볼 것이다.

공무원은 '구매력'이 아니라 '유용성'으로 평가된다

매번 큰 전쟁이 끝난 후 군대 해산이 제안될 때마다, 해산된 군대를 수용할 만큼 일자리가 충분치 않기 때문에 결과적으로 그들이 실업자가 될 것이라는 커다란 두려움이 제기됐다. 비록 과거 사례를 보면 민간기업이 놀라울 만큼 빠른 속도로 그들을 흡수했지만, 갑자기 수백만 명의 군인이 해산되면 민간기업이 그들을 재흡수하는 데에 시간이 필요할 수 있다는 것은 사실이다. 실업에 대한 두려움은 사람들이 그 과정의 한 측면만을 보기 때문에 생겨난다.

노동시장에 들어오는 군인들을 고용하기 위한 '구매력'은 어디에서 나올까? 만약 공공예산이 균형을 이루고 있다고 가정한다면, 답은 간단하다. 정부는 군인들에 대한 지원을 중단할 것이다. 납세자들은 이전에 군인들을 지원하기 위해 정부에 빼앗겼던 자금을 보유하게 될 것이다. 즉, 납세자들은 추가 상품을 살 수 있는 추가 자금을 갖게 된다. 다시 말해, 민간의 수요는 증가할 테고 전직 군인들에게는 일자리가 제공될 것이다.

만약 군인들이 불균형한 예산, 즉 정부 차입을 비롯한 다른 형태의 적자재정으로 지원을 받았다면 상황이 다소 다르다. 적자재정의 영향에 대해서는 다른 장에서 살펴볼 것이다. 여기서는 적자재정이 방금 제기된 문제와 무관하다는 것만 인식하면 충분하다. 왜냐하면 적자예산을 편성하는 데 이점이 있다고 가정하면, 이전에 전시 군대를 지원했던 액수만큼 세금을 감면함으로써 이전과 동일한 적자예산을 유지할 수 있기 때문이다.

그러나 군대 해산은 이전보다 우리에게 경제적 이익을 가져다줄 것이다. 이전에 민간의 지원을 받았던 군인들은 지원이 불필요한 자립적 민간인이 될 것이다. 더 이상 군대가 필요하지 않은데 군대를 유지하는 것은 그야말로 낭비고 비생산적인 일이다. 납세자들은 그들을 지원하는 대가로 아무것도 얻지 못했을 것이다. 그러나 이제 납세자들은 자신들의 자금 중 일부를 제공하는 대가로 동등한 재화나 서비스를 동료 민간인으로부터 얻을 수 있다. 결과적으로 국민총생산, 모든 사람의 부가 늘어난다.

∎∎∎

지나치게 많은 인원이 근무하고 그들이 받는 보상에 상응하는 서비스를 지역사회를 위해 수행하지 않는 정부 공무원들에게도 똑같은 논리가 적용된다. 그러나 불필요한 공무원 수를 줄이려고 애쓸 때마다 이 조치가 경기위축을 불러온다는 비난이 빠지지 않고 따라붙었다. 공무원들의 '구매력'을 박탈하겠는가? 그 구매력에 의존하는 집주인들과 상인들을 다치게 할 것인가? 그러나 이런 주장은 그저 '국민소득'을 줄이고 불경기의 발생이나 심화를 부추길 뿐이다.

이러한 오류는 해고된 공무원과 그들에게 의존하는 특정 상인들에게서만 공무원 감축의 영향을 보기 때문에 발생한다. 만약 이 공무원들이 공직에 머물지 않는다면 납세자들은 공무원을 지원하기 위해 빼앗겼던 돈을 보유할 수 있을 것이다. 납세자들의 소득과 구매력이 적어도 이전 공무원들의 소득과 구매력이 떨어진 만큼 증가한다는 것은 잊었다. 이전에 공무원을 대상으로 사업을 했던 특정 상점 주인들이 매출을 잃는다면 다른 곳에 있는 가게 주인들은 최소한 그만큼의 매출을 얻는다. 공무원이 많았던 도시는 덜 번영하고 아마도 상점 수도 줄어들 것이다. 하지만 다른 도시에는 더 많은 상점이 생겨날 것이다.

여기서 끝이 아니다. 과잉의 공무원들이 없어지면 단지 그들이 사라진 만큼만 그 나라가 잘살게 되는 게 아니다. 훨씬 더 잘살게 된다. 이제 공무원들은 민간 부문에서 일을 찾거나 개인 사업을 시작해야 한다. 앞서 군인의 경우를 살펴보며 언급했듯 납세자들의 추가된 구매력이 이를 고무할 것이다. 그러나 공무원들은 일자리를 제공하는 사람들, 혹은 일자리를 제공하는 고용주의 고객에게 그들이 받는 임금에 상응하는 서비스를 제공해야만 민간 부문에서 일할 수 있다. 기생충이 되는 대신, 생산적인 남녀가 되는 것이다.

정말로 필요한 서비스를 제공하는 공무원들에 대한 이야기가 아니다. 필요한 경찰관, 소방관, 환경미화원, 보건의, 판사, 입법자 및 행정 관료들은 민간산업의 어느 누구 못지않게 중요하고 생산적인 서비스를 수행한다. 그들은 민간산업이 법과 질서, 자유와 평화의 분위기에서 활동할 수 있도록 해준다. 그러나 그들 존재의 정당성은 서비스의 유용성에 있지, 공공 급여를 받음으로써 얻게 된 '구매력'에 있지 않다.

이 '구매력' 주장은 진지하게 생각할수록 기이하다. 이는 당신을 괴롭히는 사기꾼이나 도둑에게도 똑같이 적용될 수 있다. 그가 당신의 돈을 가져가면 그는 더 많은 구매력을 얻는다. 그는 술집, 식당, 나이트클럽, 재단사 그리고 아마도 자동차 공장 노동자들을 지원할 것이다. 그러나 그의 지출이 하나의 직업을 만들어낸다면, 당신은 딱 그만큼의 직업을 만들어내지 못한다. 왜냐하면 당신은 그만큼 더 적은 돈을 써야 하기 때문이다. 마찬가지로 공무원들의 지출로 제공되는 일자리만큼 납세자들은 일자리를 덜 제공하는 셈이다. 도둑에게 돈을 빼앗겼을 때, 그 대가로 당신은 아무것도 얻지 못한다. 당신의 돈이 불필요한 공무원들을 지원하기 위한 세금으로 쓰일 때, 정확히 같은 상황이 벌어진다. 불필요한 공무원들이 그저 느긋한 게으름뱅이일 뿐이라면 그나마 운이 좋은 편이다. 그러나 오늘날 그들은 바쁘게 생산을 방해하고 붕괴하는 활동적인 개혁주의자가 될 가능성이 높다.

공무원 집단을 유지해야 하는 이유로 그들의 구매력을 유지해야 한다는 주장보다 더 나은 이유를 찾을 수 없을 때, 그것이야말로 공무원을 감축해야 할 때가 됐다는 신호다.

완전고용보다 완전생산에 집중해야 한다

개인과 마찬가지로 모든 나라의 경제적 목표는 최소한의 노력으로 최대한의 성과를 얻는 것이다. 인류의 전반적인 경제 발전은 동일한 노동력으로 더 많은 생산을 얻는 데 있었다. 사람들이 노새를 활용해 짐을 옮기기 시작한 이유가 여기에 있다. 그리고 계속해서 바퀴와 마차, 철도 그리고 트럭을 발명했다. 사람들은 독창성을 발휘해 수많은 노동절약 발명품을 개발했다.

이 모든 것은 너무나 기초적이기 때문에, 새로운 슬로건을 만들어 퍼뜨리는 사람으로 인해 끊임없이 잊히지 않는 한 이런 말을 하는 것 자체가 부끄러울 지경이다. 이 첫 번째 원칙을 국가적 용어로 번역하면, 우리의 진정한 목적이 생산의 극대화라는 뜻이다. 이때 비자발적 실업이 없는 완전고용은 필수적인 부산물이다. 생산이 목적이고 고용은 단지 수단일 뿐이다. 완전고용 없이는 계속해서 완전생산을 할 수 없다. 하지만 완전생산이 없어도 완전고용은 매우 쉽게 달성할 수 있다.

원시부족은 벌거벗고 형편없이 먹고 살지만, 실업으로 고통받지 않는다. 중국과 인도는 가난하지만, 그들이 겪는 가장 큰 문제는 실업이 아니라 (자본 부족의 원인과 결과인) 원시적인 생산 방법이다. 완전생산이라는 목표에서 벗어나 완전고용 자체가 목표가 되면, 그보다 성취하기 쉬운 목표도 없다. 히틀러Adolf Hitler는 거대한 전쟁 준비 프로그램으로 완전고용을 실현했다. 제2차 세계대전은 관련된 모든 국가에 완전고용을 제공했다. 독일의 노예 노동자는 완전고용됐다. 감옥과 쇠사슬에 묶여 있는 죄수도 완전고용 상태다. 독재정치는 항상 완전한 고용을 제공할 수 있다.

그럼에도 우리 국회의원들은 국회에 완전생산 법안이 아니라 완전고용 법안을 제안한다. 심지어 기업인위원회조차도 '대통령 직속 완전생산위원회'가 아니라 완전고용위원회를 추천한다. 모든 곳에서 수단이 목적으로 승격되고, 목적 그 자체는 잊힌다.

임금과 고용은 생산성 및 생산물과 아무런 관계가 없는 것처럼 논의된다. 해야 할 일의 양이 정해져 있다는 가정 아래, 주 30시간 근무가 더 많은 일자리를 제공하기 때문에 주 40시간 근무보다 더 바람직하다는 결론이 도출된다. 노동조합이 주장하는 수많은 불필요한 작업 관행이 혼동 속에 묶인되고 있다. 라디오 방송국이 필요한 인원보다 음악가를 두 배 고용하지 않으면 라디오 방송국을 폐업시키겠다는 페트릴로Petrillo(미국의 노동운동 지도자로 미국음악가동맹 의장을 지냈다_옮긴이)의 위협은 결국 일자리 창출을 위해서였기에 일부 대중의 지지를 받는다. 새롭게 공공사업촉진국Works Projects Administration, WPA이 생겨났을 때, 공무원들이 수행하는 업무의 가치와 관련하여 가장 많은 고용을 만들어내는 프로젝트, 즉 노동 효율성이 가장 낮은 프로젝트를 생각해내는 것이 천부적인 공무원의 자질로 여겨졌다.

실질적으로 그럴 수는 없지만 만약 선택할 수 있는 문제라면, 일하지 않는 국민 일부를 무상으로 지원하며 최대 생산물을 얻는 것이 생산을 혼란시키는 많은 형태의 위장 일자리로 완전고용을 제공하는 것보다 훨씬 더 낫다. 문명의 진보는 고용의 증가가 아니라 고용의 감소를 의미한다. 사실상 우리가 아동 노동을 없애고, 많은 노인이 노동을 하지 않아도 되도록 하고, 수백만 명의 여성이 직업을 갖지 않아도 되게 만들수 있었던 것은 국가가 점점 더 부유해졌기 때문이다. 예를 들어 미국의 인구는 중국이나 러시아 인구보다 훨씬 낮은 비율로 일해도 된다. 진짜 문제는 '앞으로 10년 후에 미국에 얼마나 많은 일자리가 존재할 것인가'가 아니라 '얼마나 많이 생산할까? 그 결과 우리의 생활수준은 어떻게 달라질까'이다. 오늘날 모든 관심이 집중되고 있는 분배 문제는 분배할 것이 많아질수록 더 쉽게 해결된다.

따라서 생산량을 극대화할 정책에 주력해야 한다고 우리 생각을 분명히 밝힐 수 있다.

관세가 보호하는 것은
누구인가?

장황한 말뿐인 전 세계 각국 정부의 경제정책은 경제학을 전공하는 진지한 학생이라면 누구나 포기하고 절망에 빠지도록 만든다. 모든 것이 국제 관계와 연결돼 있음에도 정부정책에 대한 대중적 사고와 실제 정책이 아직 애덤 스미스를 따라잡지 못하고 있으니, 어떻게 경제이론의 개선과 발전에 대해 논할 수 있을까? 오늘날의 관세 및 무역 정책은 17세기와 18세기에 비해 더 악화됐다. 관세와 여타 무역장벽을 만들어내는 진짜 이유는 그 당시와 동일하며, 표면적인 명분 역시 동일하다.

2세기도 전에 《국부론》이 출판된 이후, 자유무역에 대한 문제는 수천 번 언급됐지만 그 책에서 언급된 것보다 더 직접적인 단순함과 영향력을 획득한 경우는 결코 없었다. 전반적으로 스미스는 "모든 국가에서, 가장 싼 가격에 판매하는 사람에게, 무엇이든 원하는 만큼 사는 것이 항상 모든 사람에게 이익이며 그래야만 한다"라는 한 가지 기본적 명제를 주장의 근거로 삼았다. 스미스는 "이 명제는 너무나 명백해서 이를 증

명하기 위해 뭔가 노력하는 것조차 우스꽝스러워 보인다. 그리고 상인
과 제조업자의 흥미를 유발하는 궤변이 인류의 상식을 혼란스럽게 하
지 않았더라면 의심할 필요조차 없었을 것이다"라고 말했다.

또 다른 관점에서, 자유무역은 노동전문화Specialization of Labor의 한
측면으로 간주됐다.

구입할 때보다 더 비용이 많이 든다면 직접 만들려 하지 않는다.
이는 모든 분별 있는 가장의 격언이다. 재단사는 자기 신발을 직접
만들려 하지 않고 제화공에게서 산다. 제화공은 자신의 옷을 만들
려 하지 않고 재단사를 고용한다. 농부는 이 두 가지 물건 모두를
만들려 하지 않고 재단사와 제화공을 고용한다. 그들 모두는 다른
이웃보다 어느 정도 유리한 방식으로 하나의 생산물을 만들고, 그
생산물의 일부나 생산물을 판매한 수익의 일부로 이웃의 생산물을
구입하는 것이 그들에게 이익이라는 것을 안다. 각 가정에 현명한
행동이 국가에 어리석은 행동이 되는 경우는 거의 없다.

그런데 무엇이 사람들로 하여금 각 개인의 현명한 행동이 국가에
는 어리석을 수 있다고 생각하게 만들었을까? 이는 인류가 아직도 끊어
내지 못한 오류의 네트워크 때문이다. 그 오류 네트워크 가운데 가장 대
표적인 것이 이 책에서 다루는 오류다. 바로 특정 집단에 대한 관세의
즉각적인 영향만을 고려하고 전체 사회에 대한 장기적인 영향은 무시
하는 것 말이다.

미국의 모직 스웨터 제조자는 의회나 국무부에 가서 위원회나 관계 공무원들에게 영국 스웨터에 대한 관세를 없애거나 낮추면 국가적 재앙이 초래될 거라고 말한다. 그는 현재 스웨터 한 벌을 30달러에 팔지만 영국의 제조업자들은 동일한 품질의 스웨터를 25달러에 팔 수 있다. 그러므로 그의 사업이 유지되려면 5달러의 관세가 필요하다. 그는 물론 자기 자신 때문이 아니라 그가 고용한 수천 명의 노동자들, 그들의 지출이 차례로 만들어내는 일자리 때문에 그런 주장을 펼친다. 제조자들이 실직하게 되면, 실업의 증가와 구매력 감소가 초래되고, 이는 끊임없이 악화되며 퍼져나갈 것이다. 만약 그가 관세가 철폐되거나 인하되면 정말로 사업을 중단할 수밖에 없다는 것을 증명할 수 있다면, 의회는 관세 철폐나 인하에 반대하는 그의 주장이 의심할 여지없이 확실하다고 여길 것이다.

그러나 이는 그저 특정한 제조업체와 고용인만 보거나 미국 스웨터 산업만 보기 때문에 벌어지는 오류다. 이 오류는 눈앞에 보이는 결과만을 주목하고, 존재할 수 없도록 행해지는 방해 때문에 결국에는 보이지 않게 된 결과를 무시하기 때문에 생겨난다.

관세보호를 위해 애쓰는 로비스트들은 사실에 비춰 보면 전혀 옳지 않은 주장을 계속 제기하고 있다. 관세보호 로비스트와 스웨터 제조자는 사업을 유지하며 직원을 고용해 스웨터를 만드는 데 5달러의 관세가 필요하다고 주장한다. 주장에 따라 관세가 유지된다면, 결과적으로 우리는 보호관세와 관련해서 가장 나쁜 결정을 내린 셈이다. 새로운 산업을 실현시키는 데 필요한 새로운 관세의 부과에 대해서가 아니라, 다른 사람에게 피해를 주지 않고서는 유지될 수 없는 기존의 산업에 부과하는 관세에 대해 논의했기 때문이다.

관세가 폐지되면 어떤 일이 일어날까. 제조업자가 폐업하고 1,000명의 노동자가 해고되고 그들의 구매력에 의존했던 특정 상인들이 피해를 입는다. 이것이 눈에 보이는 즉각적인 결과다. 그러나 훨씬 더 추적하기 어렵지만, 그만큼이나 즉각적이고 현실적인 다른 결과도 있다. 관세가 폐지되면 예전에는 하나에 30달러였던 스웨터를 25달러에 살 수 있다. 소비자는 이제 같은 품질의 스웨터를 더 적은 돈으로 살 수 있고, 훨씬 더 좋은 스웨터를 같은 돈으로 살 수 있다. 만약 똑같은 품질의 스웨터를 산다면, 스웨터만이 아니라 이전의 조건에서는 가질 수 없었던 5달러를 갖게 된다. 수입된 스웨터에 그들이 지불하는 25달러로 그들은 영국 스웨터 산업의 고용에 도움을 준다. 이는 미국 제조업자가 예측한 그대로다. 그리고 남겨둔 5달러는 미국의 많은 산업이 고용을 할 수 있도록 돕는다.

여기서 끝이 아니다. 영국 스웨터를 구입함으로써 그들은 영국인에게 미국 상품을 살 수 있는 달러를 제공한다. 사실 미국 상품을 구입하는 것이 (환율 변동, 대출, 신용 등 복잡한 것을 무시한다면) 결국에는 영국인이 이 달러를 이용할 수 있는 유일한 방법이다. 영국인이 미국인에게 더 많이 팔도록 미국이 허용했기 때문에, 영국인은 이제 미국인의 물건을 더 많이 살 수 있다. 만약 그들이 달러를 영원히 사용하지 않은 채로 남겨두지 않는다면, 결국 미국인에게서 더 많은 물건을 사게 된다. 따라서 영국 제품을 더 많이 수입한 결과로 미국 제품이 더 많이 수출된다. 비록 미국 스웨터 산업에 종사하는 사람은 줄어들지만, 더 많은 사람이 다른 산업, 예를 들어 미국의 세탁기나 항공기 제작 사업에 훨씬 더 효율적으로 고용될 것이다. 순효과로 판단하면, 미국의 고용은 줄어들지 않지만 미국과 영국의 생산은 증가한다. 각 나라의 노동자는 비효율적이고 서툰 일을 하도록 강요받는 대신, 자신들이 가장 잘하는 일을 하는 데 충분히 고용된다. 두 나라의 소비자는 더욱 잘살게 된다. 그들은 원하는 것을 가장 싸게 살 수 있는 곳에서 구입할 수 있다. 미국 소비자는 더 좋은 조건으로 스웨터를 제공받고 영국 소비자는 더 좋은 조건으로 세탁기와 항공기를 제공받는다.

이제 이 문제를 정반대의 시각으로 살펴보고, 관세 부과의 효과를 처음부터 다시 살펴보기로 하겠다. 외국산 스웨터에 대한 관세가 없었고, 미국인이 관세 없이 외국산 스웨터를 사는 데 익숙했다고 해보자. 그런데 그 후 미국 정부가 외국산 스웨터에 5달러의 관세를 부과해야 스웨터 산업을 보호할 수 있다는 주장이 제기됐다고 가정해보자.

이 주장에는 논리적으로 아무런 문제가 없어 보인다. 이에 따라 미국 소비자에게 판매되는 영국 스웨터의 가격이 높아진다면, 미국 제조업자들은 스웨터 사업에 진출하는 것이 수익성 있다고 생각할 것이다.

그러나 미국 소비자는 이 산업에 보조금을 지급해야 한다. 스웨터 한 벌을 살 때마다 새로운 스웨터 산업을 돕기 위해 실질적으로 5달러의 세금을 강제징수당한다고 볼 수 있기 때문이다.

　미국인들이 스웨터 산업에 새로이 고용됐다는 것은 사실이다. 그러나 국가나 사업 전체를 봤을 때 고용에 대한 순증가는 없을 것이다. 왜냐하면 미국 소비자는 같은 품질의 스웨터에 5달러를 더 지불했기 때문에, 그만큼 다른 것을 사기 위한 돈이 줄어들었을 것이다. 그들은 다른 곳에서 지출을 5달러 줄여야 한다. 하나의 산업이 성장하거나 출현하기 위해서 수많은 다른 산업이 축소돼야 할 것이다. 모직 스웨터 산업에 5만 명이 고용되도록 하기 위해 다른 곳에 고용됐던 5만 명이 그만둬야 한다.

　새로운 산업은 눈에 잘 보일 것이다. 그 산업에 고용된 사람의 수, 투자된 자본, 화폐 단위로 보면 시장가치를 쉽게 헤아릴 수 있다. 이웃들은 스웨터 공장 노동자들이 매일 공장을 오가는 모습을 볼 수 있다. 그 결과는 명백하고 직접적일 것이다. 그러나 수많은 다른 산업들의 위축, 5만 개의 다른 일자리 감소는 쉽게 눈에 띄지 않을 것이다. 아무리 똑똑한 통계학자라도, 소비자들이 스웨터에 더 많은 돈을 지불함으로써 발생한 다른 일자리의 피해 규모, 즉 각 특정 산업에서 해고된 사람 수, 각 특정 산업이 어느 정도 규모의 손실을 입었는지 정확하게 계산해 낼 수 없다. 한 국가의 다른 모든 생산활동에 퍼져 있는 개별적 손실 각각은 경미할 것이기 때문이다. 만약 소비자가 5달러를 그대로 보유했더라면 그들 각자가 그 여분의 5달러를 어떻게 썼을지를 정확하게 알기란 불가능하다. 그러므로 압도적인 대다수의 사람들은 아마도 새로운 산업에 우리가 아무런 대가를 치르지 않았다고 착각할 것이다.

ıll

스웨터에 부과되는 새로운 관세가 미국인의 임금을 인상하지는 못한다는 것을 알아두는 것이 중요하다. 미국인 노동자는 당연히 영국인 노동자 임금 수준으로 스웨터 산업에서 경쟁하는 대신, 미국의 평균임금 수준으로 스웨터 산업에서 일하게 될 것이다. 그러나 관세를 부과한 결과로 미국 노동자의 급여가 전반적으로 증가하지는 않을 것이다. 이미 살펴봤듯이 제공된 일자리 수가 순증가하지 않을 것이고, 상품에 대한 수요가 순증가하지 않을 것이며, 노동생산성이 증가하지 않을 것이기 때문이다. 사실 노동생산성은 관세 때문에 줄어들 것이다.

이것이 관세장벽의 실질적인 영향이다. 관세 부과의 모든 가시적 이득이 덜 명백한 모든 손실을 상쇄해주지 않는다. 실제로는 국가에 순손실을 초래한다. 수 세기에 걸친 이해관계가 얽힌 선전과 무관심에 따른 혼란과는 반대로, 관세는 미국의 임금 수준을 낮춘다. 어떻게 그렇게 되는지 좀 더 명확하게 관찰해보자.

소비자가 관세보호 상품에 추가 금액을 지불하기 때문에 다른 상품을 구입할 금액이 줄어든다는 것은 이미 살펴봤다. 산업 전체에 대한 순이익은 없다. 그러나 외국 상품을 막는 인위적인 장벽으로 인해 미국의 노동력, 자본, 토지는 좀 더 효율적으로 사용될 수 있는 산업에서 덜 효율적으로 산업으로 방향을 틀게 된다. 따라서 관세장벽으로 인해 미국의 노동력과 자본의 평균 생산성이 감소한다.

관세장벽을 소비자의 관점에서 보면, 소비자는 자신의 돈으로 상품을 덜 살 수 있게 됐다는 사실을 깨닫는다. 소비자는 스웨터와 다른 보호상품에 더 많은 돈을 지불해야 하기 때문에 그 외의 모든 것은 덜 살 수밖에 없다. 따라서 그의 수입의 전반적인 구매력은 줄어든다. 관세의 순효과가 명목임금을 낮추는 것이냐 아니면 명목가격을 높이는 것이냐는 정부가 어떤 통화정책을 시행하는지에 달려 있다. 그러나 분명한 것은, 비록 관세보호 산업에서는 임금을 인상할 수 있다 해도, 모든 산업의 일자리를 고려하면 순효과 면에서 관세가 없었을 때보다 실질임금이 감소할 수밖에 없다.

수 세대에 걸쳐 여론을 호도하는 선전에 현혹된 사람은 이 결론을 역설적으로 여길 수 있다. 우리가 아는 것보다 덜 효율적인 방법으로 자본과 인력을 사용하는 고의적 정책에서 우리가 기대할 수 있는 다른 결과는 무엇인가? 의도적으로 무역과 운송에 인위적인 장애물을 세움으로써 우리가 기대할 수 있는 다른 결과는 무엇인가?

관세장벽은 실제 벽과 같은 효과를 갖는다. 보호주의자들이 습관적으로 전쟁용어를 사용한다는 사실을 눈여겨봐야 한다. 그들은 외국 상품에 대한 '침략을 격퇴하자'고 이야기한다. 그리고 그들은 전쟁터에서 사용하는 것과 같은 수단을 재정 분야에서 제시한다. 이러한 침략을 막기 위해 마련된 관세장벽은 외국 군대의 침략 시도를 물리치거나 늦추기 위한 대전차 장애물, 참호 및 철조망과 같다.

외국 군대가 이런 장애물을 극복하려면 더 큰 탱크, 지뢰 탐지기, 능력 있는 공병대 같은 비용이 더 많이 드는 방법을 동원해야 하듯, 관세장벽을 극복하기 위한 더 비싸고 효율적인 수단이 틀림없이 개발될 것이다. 우리는 한편에서는 더 빠르고 더 효율적인 비행기와 배, 개선된 도로와 다리, 더 나은 기관차와 트럭을 개발함으로써 영국과 미국, 또는 캐나다와 미국 사이의 운송비를 줄이려고 노력한다. 그러나 다른 한편에서는 관세를 부과하여 상품 운송이 상업적으로 더 어려워지게 만듦으로써 그 투자효과를 상쇄한다. 우리는 스웨터를 배송하는 데 1달러를 절약하기 위해 노력하고, 스웨터의 배송을 막기 위해 관세를 2달러 인상한다. 수익성 있게 운송될 수 있는 화물을 줄임으로써 운송 효율에 대한 투자가치를 떨어뜨린다.

∎∎

관세는 소비자의 희생을 바탕으로 생산자에게 이익을 주는 수단으로 묘사돼왔다. 어떤 의미에서 이 말은 옳다. 관세를 찬성하는 사람들은 특정 관세로 인해 발생하는 생산자의 즉각적인 이익만을 생각한다. 그러면서 이러한 관세를 강제로 납부함으로써 즉시 손해를 입는 소비자는 잊는다. 그러나 관세 문제를 생산자 단위의 이해관계와 소비자 단위의 이해관계 간의 대립으로 생각하는 것은 잘못이다. 관세가 모든 소비자에게 피해를 주는 것은 사실이지만 그것이 모든 생산자에게 이익을 준다는 것은 사실이 아니다. 도리어 조금 전 사례에서 본 것처럼 관세는 다른 모든 미국 생산자들의 희생을 바탕으로 특정 생산자를 돕는다. 특히 상대적으로 큰 잠재적 수출시장을 지닌 생산자를 희생시켜서 관세 보호를 받는 생산자를 돕는다.

과장된 예를 통해 이 마지막 관점을 분명히 할 수 있다. 관세장벽을 너무 높여서 수입이 절대적으로 금지되고 외부 세계로부터 어떤 것도 들어오지 않는다고 가정해보자. 그 결과, 미국의 스웨터 가격이 5달러만 오른다고 가정하자. 그러면 미국 소비자는 스웨터를 사기 위해 5달러를 더 지불해야 하기 때문에 다른 100개의 미국 산업에서 평균 5센트를 덜 쓰게 될 것이다. (이 수치는 단지 원칙을 설명하기 위한 예이다. 물론, 손실이 이처럼 대칭적으로 분포되지는 않을 것이다. 게다가 스웨터 산업 자체도 다른 산업의 보호 조치 때문에 분명히 손해를 볼 것이다. 그러나 이러한 복잡함은 당분간 제쳐두자.)

이제 외국 산업은 미국에서 그들의 시장이 완전히 차단됐다는 것을 알게 된다. 그들은 달러를 교환받지 못할 것이고, 따라서 그들은 미국 상품을 전혀 살 수 없을 것이다. 이로 인해 미국 산업은 이전에 해외에서 벌어들인 매출에 비례해 어려움을 겪을 것이다. 우선 면화 생산자, 구리 생산자, 재봉틀, 농업기계, 타자기, 상용 비행기 제조업자 등이 가장 큰 피해를 입을 것이다.

수입 금지가 아닌 높은 관세장벽도 그 정도만 약할 뿐, 수입 금지와 동일한 결과를 가져온다. 따라서 관세의 효과는 미국의 생산구조를 바꾼다. 관세는 일자리 수, 직업의 종류 그리고 한 산업의 상대적 크기를 바꾼다. 관세는 상대적으로 비효율적인 산업을 더 크게 만들고, 상대적으로 효율적인 산업을 더 작게 만든다. 그러므로 관세의 순효과는 미국의 효율성을 감소시키고, 관세가 없었더라면 더 많이 교역했을 상대 국가의 효율성도 감소시킨다.

산더미 같은 찬반 논쟁에도 불구하고, 관세는 고용 문제와 무관하다. (사실, 증가하든 감소하든 관세의 갑작스러운 변화는 생산구조의 변화를 유발하고, 이로써 일시적인 실업이 야기될 수 있다. 이러한 갑작스러운 변화는 심지어 불경기를 불러올 수도 있다.) 그러나 관세는 임금 문제와는 무관하지 않다. 장기적으로 관세는 효율성을 떨어뜨리고, 생산 및 부를 감소시키기 때문에 항상 실질임금을 감소시킨다.

그러므로 관세에 대한 모든 주요한 오류는 이 책이 다루는 중심적인 오류에서 비롯된다. 이는 단일 관세율이 한 그룹의 생산자들에게 미치는 즉각적인 영향만을 보고, 전체적인 소비자 그리고 다른 모든 생산자에게 미치는 장기적인 영향을 잊어버린 결과다.

(몇몇 독자는 '모든 생산자를 관세로 보호함으로써 이 문제를 해결하면 어떨까?'라는 질문을 한다. 그러나 생산자들을 균일하게 도울 수 없고, 이미 외국 생산자보다 많이 팔고 있는 국내 생산자를 결코 도울 수 없다는 데서 이는 잘못이다. 이러한 효율적인 생산자들은 관세 때문에 발생한 구매력의 전환으로 반드시 고통을 겪는다.)

관세 문제에 관해 우리는 마지막 예방책을 명심해야 한다. 바로 앞서 기계의 영향을 살펴볼 때 필요하다고 판단한 것과 동일한 예방책이다. 관세가 특정 이해관계자에게 특혜를 주거나 최소한 이익을 줄 수 있다는 사실을 부인하는 것은 아무런 소용이 없다. 사실, 관세는 다른 모든 사람의 희생으로 특정 이해관계자에게 이익을 준다. 만약 한 산업만 보호하고, 그 산업의 소유주와 노동자가 그들이 구입하는 다른 모든 것에서 자유무역의 혜택을 누린다면 그들은 심지어 순효과 면에서도 이익을 볼 것이다. 그러나 관세의 축복을 확대하려는 시도가 이뤄지면서 또 다른 산업을 보호하기 시작하면, 이전에 보호받던 산업에 종사하던 생산자와 소비자 둘 다 고통을 받기 시작하고, 결국 누구도 보호받지 못할 때보다 상황이 더 나빠질 수 있다.

그러나 열성적인 자유무역주의자들이 너무나 자주 그랬던 것처럼 특정 집단이 관세의 혜택을 누릴 가능성을 부정해서는 안 된다. 예를 들어, 관세 인하가 모두에게 도움이 되고 아무에게도 손해를 끼치지 않으리라고 가정해서는 안 된다. 관세 인하가 그 나라의 순효과 면에서 도움이 되리라는 것은 사실이다. 하지만 누군가는 손해를 볼 것이다. 이전에 강도 높은 보호를 받았던 집단은 피해를 입을 것이다. 그러한 관세로 이익을 얻는 집단을 애초에 만들지 않는 편이 나은 이유가 여기 있다. 그러나 명확한 사고방식과 솔직함을 지녔다면, 일부 상품에 대한 관세가 폐지되면 해당 산업이 파산에 이르고 그 산업에 종사하는 노동자들이 (최소한 일시적으로) 실직 상태가 되리라는 그들의 주장이 옳다는 것을 인정해야 한다. 특히 그 노동자들이 전문기술을 습득하려고 오랜 기간 노력했다면, 그들은 영구히, 혹은 동등한 수준의 다른 기술을 습득할 때까지 고통을 겪을 수 있다. 기계의 영향력을 추적할 때와 마찬가지로 관세의 영향력을 추적할 때는 장단기적으로 모든 사람에게 미치는 주요한 영향을 살피려 노력해야 한다.

이 장의 끝에 덧붙이고 싶은 말이 있다. 나는 세수입의 목적으로 징수된 관세나 전쟁에 필요한 산업을 살려두기 위해 징수된 관세를 포함해서 모든 관세에 반대하는 것은 아니며, 또한 관세에 대한 모든 주장에 반대하는 것도 아니다. 다만, 순효과 측면에서 관세가 고용을 제공하고 임금을 인상하며 국가의 생활수준을 보호한다는 것은 잘못된 생각이다. 임금과 생활수준에 관한 한, 관세는 정확히 반대의 역할을 수행한다. 그러나 다른 목적으로 부과된 관세를 검토하는 것은 우리의 현 주제를 벗어난다.

여기서는 수입 쿼터, 외환관리, 양자주의, 그리고 국제무역을 축소하거나 분산시키거나 방해하는 다른 수단의 효과 역시 검토할 필요가 없다. 그러한 장치는 일반적으로 높은 관세나 수입 금지와 동일한 효과를 내며, 종종 더 나쁜 영향을 미친다. 이것들은 더 복잡한 문제를 제기하지만 최종적인 결과는 우리가 방금 관세장벽에 적용했던 것과 같은 유형의 추론으로 추적할 수 있다.

무역의 이득은
수출보다 수입에 있다

'수출에 대한 병적인 열망'을 압도하는 유일한 것이 있다면 바로 '수입
에 대한 병적인 두려움'이다. 수입을 억제하고 수출을 늘리고자 하는 모
든 국가의 바람을 설명하는 말이다. 그러나 논리적으로 조금만 깊이 살
펴보면 이보다 모순된 주장도 없다.

　장기적으로 ('국제수지표'에 있는 모든 항목뿐만 아니라 관광수지,
해상 운송요금 같은 '눈에 보이지 않는' 항목까지 포함하는 광범위하고
포괄적인 의미에서 볼 때) 수입과 수출은 서로 균형을 이뤄야 한다. 수
입에 돈을 지불하는 것이 수출이며, 수출에 돈을 지불하는 것이 수입이
다. 수출 대금을 모두 받는다고 가정하면, 더 많이 수출하면 할수록 더
많은 수입을 해야만 한다. 수입을 적게 할수록 수출도 줄어든다. 수입
없이는 수출을 할 수 없다. 왜냐하면 외국인들에게 우리 상품을 구매할
자금이 없을 것이기 때문이다. 수입을 줄이기로 결정했다면, 사실상 수
출을 줄이기로 결심했다는 뜻이다. 수출을 늘리기로 결정했다면, 사실

상 수입도 늘리기로 결심했다는 뜻이다.

예를 들어 한 미국 수출업자가 영국 수입업자에게 상품을 팔고 영국 파운드화로 대금을 지급받는다고 해보자. 그러나 그는 노동자들의 임금을 지급하거나, 아내 옷을 사거나, 극장표를 사는 데 파운드화를 사용할 수 없다. 이를 위해서는 미국 달러화가 필요하다. 그러므로 직접 영국 제품을 사거나 은행이나 외환 중계업자를 통해 영국 제품을 사려는 미국 수입업자에게 파운드화를 팔지 않는 한 그에게 그 돈은 쓸모가 없다. 그가 어떤 선택을 하건, 수출로 벌어들인 영국 파운드화가 영국산 수입품 구입을 위해 모두 사용되기 전까지 거래는 끝나지 않는다. 만약 영국 파운드화 대신 미국 달러화로 거래가 이뤄졌더라도 상황은 같았을 것이다. 영국의 수입업자는 이전에 영국 수출업자가 미국에 수출하고 달러화를 받아 예치해두지 않았다면 미국 수출업자에게 달러화로 지불할 수 없다. 외환거래는 한마디로 청산거래로, 미국에서는 외국인의 달러화 부채가 그들의 달러화 채권과 상계되고 영국에서는 외국인의 파운드화 부채가 그들의 파운드화 채권과 상계된다. 기술적인 세부 내용을 이 책에서 언급할 필요는 없을 것이다. 자세한 내용은 대부분의 외환 관련 책에서 쉽게 찾아볼 수 있다.

국제무역은 (흔히 신비로운 것으로 포장돼 있지만) 기본적으로는 신비로울 것이 없으며, 본질적으로 국내거래와 크게 다르지 않다. 대부분의 사람들은 상품보다는 자신의 서비스를 제공하는 경우지만, 생활에 필요한 구매력을 얻으려면 뭐가 됐든 팔아야 한다. 국내거래 역시 주로 재화와 용역을 화폐와 교환함으로써 이뤄지고, 그 과정에서 발생하는 각자의 부채와 채권이 금융결제원을 통해 상계된다.

국제 금본위제 조건에서 무역수지의 불균형은 상대국에 금을 제공함으로써 해소되곤 했다. 그러나 금 대신 면, 철강, 위스키, 향수, 또는 다른 상품을 제공함으로써 해결할 수도 있다. 주요 차이점은 금본위제가 존재하면 금에 대한 수요가 거의 무한하다고 여겨지며 (금이 하나의 상품으로서가 아니라 국제화폐로 생각되고 받아들여지기 때문에) 각국이 금을 받는 방식에 관세 등 인위적인 장애물을 두지 않는다는 것이다. (반면, 근래에 많은 국가는 금을 수출하는 데 많은 제약을 가해서 금의 국외 유출을 막으려고 한다. 이는 전혀 다른 이야기로 이번 주제와는 관련이 없다.)

국내거래에 관해서는 명석하고 분별력 있는 사람조차 국제무역에 대해서는 믿을 수 없을 정도로 감정적이고 어리석은 주장을 할 때가 있다. 국내거래에 적용하는 것은 미친 짓이라고 생각하는 원칙들을 국제무역에 적용하는 것을 적극적으로 옹호하거나 묵인하기도 한다. 정부가 자국의 수출을 늘리기 위해 상환 가능성은 전혀 고려하지 않고 외국에 대규모 대출을 해주는 것이 옳다고 주장하는 것이 전형적인 사례다.

물론 개인이 스스로 위험을 무릅쓰고 해외에 자신의 자금을 빌려주는 것은 허용돼야 한다. 평화로운 관계를 유지하고 있는 국가에 대한 민간 대출에 정부는 어떠한 임의의 장벽도 만들지 말아야 한다. 개인으로서 우리는 인도적 관점에서 큰 곤경에 처하거나 기아로 고생하는 사람들을 도와야 한다. 그러나 우리는 스스로 무엇을 하고 있는지 항상 분명히 알아야 한다. 순전히 자기 자신의 이기적인 목적으로, 외국인을 위해 자선사업을 하고 있다는 인상을 주는 것은 현명하지 못하다. 이는 결국 오해와 나쁜 관계로 이어질 뿐이다.

그러나 막대한 해외대출을 옹호하는 주장 가운데 한 가지 오류는 분명히 항상 두드러진 자리를 차지한다. 그들은 대부분 다음과 같은 주장을 한다. 비록 자국이 외국에 대출한 자금의 절반 혹은 전부가 상환되지 않아도 그 해외대출로 자국은 여전히 더 잘살게 된다는 주장이다. 그러면서 해외대출이 자국의 수출에 엄청난 동력을 제공할 것이라는 근거를 댄다.

만약 외국이 자국의 상품을 살 수 있도록 하기 위해 외국에 대출해 준 돈이 상환되지 않는다면, 그 상품을 공짜로 외국에 나누어준 것과 다름이 없다. 한 나라가 재물을 공짜로 나눠주고서도 부유해질 수는 없다. 스스로를 더 가난하게 만들 뿐이다.

이러한 논리가 개인에게 적용될 때는 아무도 의심하지 않는다. 만약 자동차 회사가 고객에게 자동차 가격에 해당하는 5,000달러를 빌려줘 차를 구입할 수 있게 했는데 고객이 대출금을 갚지 않는다면, 자동차 회사의 사정은 자동차를 판매함으로써 더 나빠진다. 그 차를 만드는 데 소요된 비용을 그냥 잃어버린 셈이기 때문이다. 만약 자동차의 원가가 4,000달러고 고객이 대출금의 절반을 상환한다면, 회사는 4,000달러에서 2,500달러를 차감한 1,500달러를 손해 본 것이다. 자동차 회사는 차량을 판매해서 부실대출로 잃은 것을 만회하지 못한다.

민간기업이 상환받지 못할 대출로 부유해질 수 없다는 사실은 명백한데, 왜 똑똑한 사람들이 그 사실이 국가에 적용되면 혼란스러워할까? 그 이유는 정신적으로 몇 단계를 더 추적해야 그 거래를 살펴볼 수 있기 때문이다. 사실 우리 모두가 손해를 보는 동안 한 집단은 이득을 볼 수도 있다.

예를 들어, 수출을 주업으로 하는 사람은 해외 부실대출의 결과로 수출이 늘어나 수익이 증가될 수 있다. 이 거래를 전체적으로 보면 국가적 손실이 확실하겠지만 그 손실은 추적되기 어려운 방식으로 국민에게 분배된다. 민간 대출기관들은 그들의 손실을 직접적으로 부담해야 하지만, 정부 대출(원조)로 인한 손실은 궁극적으로 늘어난 세금을 통해 국민이 지불할 것이다. 이러한 직접적 손실뿐만 아니라, 경제에 미치는 효과로 인한 간접적 손실도 많을 것이다.

장기적으로 볼 때 미국의 사업과 고용은 상환되지 않은 해외대출, 즉 나쁜 대출로 인해 도움을 받기보다는 피해를 볼 것이다. 나쁜 대출로 인해 외국 구매자가 미국 상품을 구매할 수 있는 1달러를 더 갖게 될 때마다 국내 구매자들은 1달러씩 덜 갖게 된다. 따라서 국내거래에 의존하는 기업은 수출기업이 도움을 받은 것만큼 타격을 입을 것이다. 심지어 수출기업조차 순수지net balance 측면에서 피해를 볼 우려가 있다. 예를 들어, 미국 자동차 회사는 1975년에 생산량의 약 15%를 해외시장에서 팔았다. 미납된 외채를 보충하기 위해 미국 구매자에게 세금이 부가되어 국내매출의 10%를 잃는다고 가정하면, 생산량의 20%를 해외에서 판매한다고 해도 나쁜 외채 때문에 이익을 얻지 못할 것이다.

반복해서 말하지만, 민간 투자자가 해외에 대출을 하는 것이 현명하지 않다는 의미는 아니다. 하지만 나쁜 대출을 통해서는 부자가 될 수 없다.

부실대출이나 노골적인 원조 등으로 수출에 인위적인 자극을 주는 행위는 어리석다. 같은 이유로 수출 보조금을 지급해 수출에 인위적인 자극을 주는 것도 어리석다. 수출 보조금은 제조비용보다 낮은 가격에 외국의 구매자가 상품을 구매할 수 있도록 함으로써 상품의 일부를 무상으로 주는 것과 다름없다. 수출 보조금 역시 무엇인가를 공짜로 나눠주면서 부자가 되려고 노력하는 또 하나의 사례다.

이 같은 문제에도 불구하고, 미국 정부는 오랫동안 해외 경제원조 프로그램을 운영해왔고, 그중 대부분은 수십억 달러의 노골적인 정부 대 정부 원조로 이뤄졌다. 나는 그 프로그램의 단 한 가지 측면, 즉 많은 지지자들이 그 프로그램이 수출을 증대하는 데 현명하고 심지어 꼭 필요한 방법이라 순진하게 믿는다는 사실에 관심을 갖는다. 한 국가가 물건을 공짜로 나눠줘서 부자가 될 수 있다는 또 다른 형태의 착각이다. 이 프로그램을 지지하는 수많은 사람들이 진실을 보지 못하는 이유는 바로 외국에 수출품 자체가 아니라 그것을 살 수 있는 돈을 주기 때문이다. 따라서 개별 수출업자가 수출로 얻는 개인 이익이 원조 프로그램에 대한 세금의 개인 몫보다 크다면 순이익을 얻을 수 있지만, 국가는 전체적으로 손실을 본다. 이는 어떤 정책이 일부 특정 집단에 미치는 즉각적인 효과만을 보고, 모든 사람에게 미치는 장기적인 효과를 추적하는 인내심이나 지성을 갖지 못해서 생기는 오류의 또 다른 예다.

모든 사람들에게 장기적으로 미치는 영향을 추적하면, 우리는 수세기 동안 대부분 정부 관료들의 생각을 지배해온 교리와 정반대되는 결론에 도달하게 된다. 존 스튜어트 밀이 분명히 지적한 바와 같이, 외국과 무역을 할 때 얻는 진정한 이득은 수출이 아니라 수입에 있다. 수입을 통해 소비자는 국내에서 얻을 수 있는 것보다 더 낮은 가격에 상품을 얻거나, 국내 생산자로부터 전혀 얻을 수 없는 상품을 얻을 수 있다. 종합적으로 고려해볼 때, 한 국가가 수출을 필요로 하는 진짜 이유는 수입품에 대한 비용을 지불하기 위함이다.

Lesson
12

패리티가격

공평한 가격책정은
불가능하다

관세의 역사가 상기시키는 것처럼 특정 이익집단은 그들이 왜 특별한
관심을 받아야 하는지에 대해 가장 기발한 이유를 생각해낸다. 그들의
대변인은 그들에게 유리한 계획을 제시하는데, 너무나 우스꽝스러워
서 객관적인 저술가라면 처음에는 아무런 어려움 없이 진실을 폭로할
수 있다. 그러나 특정 이익집단은 이에 아랑곳하지 않고 계속해서 그 계
획을 고집한다. 자신들의 계획이 법으로 제정되면 즉각적인 이득을 얻
을 수 있기 때문에 그들은 숙련된 경제학자와 홍보 전문가를 고용해서
지속적으로 자신들의 주장을 전달한다. 국민은 엄청난 통계, 차트, 곡선
및 파이 도표 등을 동반한 이 주장이 너무나 자주 반복되기 때문에 결
국에는 속아 넘어간다. 객관적인 저술가가 그 제도가 법률로 제정될 위
험이 현실로 다가왔음을 깨달을 때는 이미 너무 늦은 상황이다. 특정 이
해집단에 고용된 학자들이 몇 년 동안 전심전력으로 연구해온 내용을
단 몇 주 만에 따라잡기란 불가능하다. 결국 객관적인 저술가들은 무지

하다고는 비난을 받고 당연한 일에 이의를 제기하는 사람으로 평가받고 만다.

이와 같은 사례는 농산물의 패리티가격parity price(물가상승과 연동해 농산물 가격을 산출하는 방법을 패리티 계산이라 하고 이때 사용하는 지수를 패리티 지수라고 한다_옮긴이)이라는 개념의 역사에도 똑같이 적용된다. 나는 이 개념이 입법안에 등장했던 첫날을 기억하지 못한다. 그러나 1933년 뉴딜정책이 등장하면서 패리티가격은 확실히 자리 잡은 원칙이 됐고, 법률로 제정됐다. 시간이 지나면서 이 제도의 불합리함은 점점 더 분명해졌고, 현실이 됐다.

패리티가격에 대한 논쟁은 대략 다음과 같이 전개된다. 농업은 모든 산업 중에서 가장 기본적이고 중요하다. 어떤 희생을 치르더라도 보존돼야 한다. 다른 모든 사람의 번영은 농부의 번영에 달려 있다. 농부가 다른 산업의 제품을 살 구매력이 없으면 다른 산업은 쇠퇴한다. 이것이 1929년 대공황의 원인이었거나 적어도 우리가 거기서 회복하지 못한 이유였다. 농산물의 가격은 급격히 하락했지만 공산품 가격은 거의 하락하지 않았다. 그 결과 농부는 공산품을 살 수 없었고, 도시 노동자들은 해고됐다. 따라서 도시 노동자들 역시 농산물을 살 수 없었다. 불황은 계속 순환하며 더욱 악화되고 확산됐다. 유일하지만 매우 간단한 치료법이 있다. 바로 농부가 구입하는 제품의 가격을 농산물의 가격과 같도록 되돌리는 것이다. 농부들이 번창했던 1909년부터 1914년까지는 이런 균형이 유지됐다. 이 가격 관계price relationship는 회복되고 영구히 보존돼야 한다.

이 그럴듯한 진술에 숨겨진 모든 불합리성을 검토하려면 시간이 너무 오래 걸리고, 우리의 핵심에서도 멀어진다. 특정 연도 또는 기간에 만연했던 가격 관계를 신성불가침 또는 심지어 다른 기간의 가격 관계보다 더 정상적으로 간주할 타당한 이유는 어디에도 없다. 비록 그 가격 관계가 당시에는 정상이었다 해도, 그동안 일어난 생산과 수요의 엄청난 변화에도 불구하고 60년도 더 지난 지금 그 가격 관계가 보존돼야 한다고 가정하는 이유는 무엇인가? 1909년에서 1914년이라는 기간은 무작위로 선택된 기준이 아니다. 상대적 가격에 있어서 그 시기는 역사상 농업에 가장 우호적인 시기 중 하나였다. 1909년 8월부터 1914년 7월까지 지속된 농상품과 공산품 사이의 가격 관계가 영구히 유지돼야 한다면, 당시 모든 상품의 가격 관계를 영원히 보존하면 어떨까? 만약 패리티가격이라는 아이디어에 진실성이나 논리가 있다면 당시의 가격 관계가 보편적으로 확장됐을 것이다.

이 책의 초판에서 나는 다음과 같은 사례를 이용해 불합리성을 설명했다.

1912년에 쉐보레 6기통 투어링 자동차는 2,150달러였다. 1942년 엄청나게 향상된 6기통 쉐보레 세단은 907달러였다. 하지만 농산물과 같은 기준으로 '패리티'를 조정하면 1942년에 그 자동차 가격은 3,270달러여야 한다. 1909년부터 1913년까지 1파운드의 알루미늄은 평균 22.5센트였다. 1946년 초의 가격은 14센트였다. 그러나 '패리티' 조건에 따라 계산하면 41센트가 되어야 한다.

1946년과 1978년 사이의 심각한 인플레이션(소비자 물가가 세 배 이상 증가)뿐만 아니라 두 기간의 자동차 품질의 엄청난 차이로 인해 이 두 가지 비교를 최근 수치로 조정하기란 매우 어렵고 논란의 여지가 있다. 이런 어려움은 패리티가격의 실행 불가능성을 더욱 강조한다.

초판에서 앞서 언급된 비교를 한 후, 나는 같은 유형의 생산성 향상이 부분적으로 농산물의 가격 하락으로 이어졌다는 사실을 지적했다. 1955년부터 1959년까지 5년간 평균 428파운드의 면화가 1에이커의 면화 밭에서 생산됐고, 1939년부터 1943년까지 5년간은 평균 260파운드가 생산됐다. 기준 년도인 1909년부터 1913년까지 5년간의 평균 생산량인 188파운드와 비교했을 때, 미국에서 에이커당 면화 평균 생산량은 비록 그 증가율은 감소했지만 계속적으로 증가했다. 1968년부터 1972년까지 5년간은 에이커당 평균 467파운드의 면화가 생산됐다.

마찬가지로, 1935년부터 1939년 5년 동안 에이커당 옥수수 26.1부셸이 생산됐는데, 1968년부터 1972년까지 5년간은 에이커당 평균 84부셸이 생산됐다. 그리고 1935년부터 1939년까지는 평균 13.2부셸의 밀이 생산됐지만 1968년부터 1972년까지는 평균 31.3부셸이 생산됐다.

농산물의 생산비용은 화학비료의 개선된 적용, 종자 개량, 기계화로 인해 상당히 낮아졌다. 초판에서 나는 다음과 같이 인용했다. "완전히 기계화되고 대량생산 방식으로 운영되는 몇몇 대형 농장은 노동력의 3분의 1에서 5분의 1만으로 몇 년 전과 같은 수확량을 생산해낼 수 있다."[3] 그러나 이 모든 상황은 패리티가격 옹호자들에 의해 무시되고 있다.

그들이 이 원리의 보편화를 거부하는 것은 패리티가격이 공공의식에 근거한 경제계획이 아니라 단지 특정 이익집단을 보조하는 장치라는 증거일 뿐이다. 증거는 또 있다. 농산물 가격이 정부정책에 의해 패리티가격을 넘어설 때에는 가격을 그 이하로 낮추거나 보조금을 상환해야 한다는 요구를 하지 않는다. 패리티가격은 오직 한 방향으로만 작용하는 규칙이다.

이제 이러한 고려 사항은 모두 잊어버리고, 이 장에서 특별히 다루고자 하는 중심적 오류로 돌아가자. 바로 농부가 자신의 생산물에 더 높은 가격을 받으면 다른 산업이 만들어낸 상품을 더 많이 살 수 있고, 따라서 모든 산업이 번창하고 완전한 고용을 이룰 수 있다는 주장 말이다. 물론 농부가 명확하게 이른바 패리티가격을 적용받는지 여부는 이 논쟁과 상관이 없다.

모든 것은 이러한 높은 가격이 어떻게 나오느냐에 달려 있다. 만약 그것이 일반적인 부흥의 결과고, 사업 번영과 산업생산의 증가, (인플레이션에 의한 것이 아닌) 도시 노동자의 구매력 증가로 인한 것이라면, 정말로 농부들뿐 아니라 모든 사람에게 번영과 생산의 증가를 의미할 수 있다. 그러나 우리는 지금 정부의 개입으로 인한 농산물 가격의 상승에 대해 논의하고 있다. 여기에는 여러 가지 방법이 수행될 수 있다. 가장 실행 가능성이 없는 방법이긴 하지만 법령으로 더 높은 가격을 강제할 수 있다. 이는 정부가 패리티가격으로 모든 농산물을 무제한 구입할 준비가 됐을 때나 가능한 이야기다. 정부가 농부들에게 충분한 돈을 빌려주어 농작물이 패리티가격이나 그보다 높은 가격 수준에 도달할 때까지 시장에 농작물을 출하하지 않도록 하는 방법도 있다. 정부가 농작물의 출하 규모를 제한하는 것이다. 실제로 조합은 이런 방법을 종종 사용하기도 한다. 잠시 동안 우리는 어떤 방법으로든 패러티가격이 발생한다고 가정할 것이다.

어떤 결과가 나올까? 농부는 농작물에 더 높은 가격을 받는다. 생산량이 줄어들었어도 그들의 구매력은 높은 농작물 가격에 따라 증가한다. 그들은 당분간 더 번창할 테고, 산업 생산품을 더 많이 구입한다. 이 모든 것은 정책과 직접적 관련이 있는 집단이 즉각적으로 받는 영향만을 고려하는 사람들이 보는 측면이다.

그러나 그 못지않게 필연적인 다른 결과도 있다. 만약 정부정책이 없었다면 부셸당 2.50달러에 팔릴 밀이 정부정책으로 3.50달러로 올라간다고 가정해보자. 그 농부는 부셸당 1달러를 더 받는다. 하지만 도시 노동자는 그로 인해 빵 값이 인상되어 밀 1부셸당 1달러를 더 지불하게 된다. 다른 농산물에서도 마찬가지다. 만약 공산품을 살 수 있는 농부의 구매력이 1달러 늘어나면 도시 노동자는 정확히 같은 금액의 구매력을 잃는다. 순효과 면에서 보면 일반적인 산업에는 아무런 이득이 없다. 시골에서 판매가 증가되는 만큼 정확하게 도시에서 판매가 줄어들기 때문이다.

물론 판매의 발생률에도 변화가 생긴다. 농기구 제조업자와 통신 판매 회사의 사업은 잘되겠지만 도시의 백화점은 사업이 위축된다. 그러나 문제는 거기서 끝나지 않는다. 정책의 결과는 순이익이 아니라 순손실로 귀결된다. 단지 구매력이 도시 소비자, 일반 납세자 또는 둘 모두에게서 농부에게로 이전되는 것만이 아니기 때문이다. 이 정책은 가격을 올리기 위해 종종 농산품의 생산을 강제로 감축하게 하기도 한다. 이는 부의 파괴를 의미한다. 결국 소비해야 할 음식이 더 적어진다는 뜻이다. 이 부의 파괴가 어떻게 일어나는지는 가격을 올리기 위해 사용되는 특정 방법에 달려 있을 것이다. 브라질에서 커피를 태워서 커피 가격을 올린 것처럼 이미 생산된 농산물의 실제적인 물리적 파괴를 의미할 수도 있다. 또는 미국 농업조정국Agriculture Adjustment Administration, AAA 계획처럼 경작 면적에 대한 강제적인 규제를 의미할 수도 있다. 이러한 방법의 효과에 대해서는 정부의 상품 통제를 더 자세히 다룰 때 다시 살펴볼 것이다.

그러나 농부가 패리티를 얻기 위해 밀의 생산을 줄이면 부셸당 더 높은 가격을 받을 수 있겠지만, 밀을 더 적게 생산해서 판매하기 때문에 그의 수입은 밀의 가격에 비례하여 상승하지 않는다. 심지어 일부 패리티가격 옹호자들도 이러한 사실을 인식하고 농부들의 '패리티소득'을 계속 주장하기 위한 근거로 사용한다. 그러나 이는 납세자들의 직접 비용으로 조달된 보조금을 통해서만 달성할 수 있다. 다시 말해, 농부들을 돕기 위해 도시 노동자와 다른 국민의 구매력을 더욱 감소시킬 뿐이다.

다음 주제로 넘어가기 전에 살펴봐야 할 패리티가격에 대한 논쟁이 하나 더 있다. 이 주장은 더 정교한 생각을 가진 옹호자들이 제기했다.

"패리티가격에 대한 주장은 경제적으로 불합리하다. 패리티가격은 특권이다. 이 비용은 소비자에게 부과된다. 하지만 다른 산업을 보호하기 위한 관세가 농부에게 부과되지 않는가? 농부들은 관세 때문에 공산품에 더 높은 가격을 지불하지 않는가? 미국은 농산물의 순수출국이기 때문에 농산물에 상쇄관세compensating tariff를 부과하는 것은 적절한 방법이 아니다. 패리티가격 체제는 농부에게 관세보호와 같다. 패리티가격은 공산품에 부과된 관세 때문에 불평등한 대우를 받는 농부들을 공평하게 대하는 유일한 방법이다."

패리티가격을 요구하는 농부의 불만은 정당하다. 보호관세는 그들이 알고 있는 것보다 더 많은 피해를 입혔다. 다른 산업 제품의 수입을 줄임으로써 해외 국가가 미국의 농산물을 가져가는 데 필요한 달러를 얻을 수 없게 돼 미국 농산물의 수출도 줄었다. 그리고 다른 나라의 보복관세를 유발했다. 그럼에도 이러한 주장에 대한 타당성은 검토되지 않을 것이다. 모든 산업 제품 또는 모든 비농업 제품에 일괄적으로 부과되는 관세는 존재할 수 없다. 농산물을 제외하더라도 관세보호를 받지 않는 국내 산업이나 수출 산업은 셀 수 없이 많다. 관세 때문에 모직 담요나 오버코트에 도시 노동자가 더 높은 가격을 지불해야 한다고 해서 그가 생산하는 면직 의류 혹은 식료품에도 더 높은 가격을 책정하게 함으로써 보상받고 있는가? 아니면, 그냥 두 번의 손해를 감수하고 있는가?

'모든 사람을 동등하게 보호함으로써 우리 모두를 평등하게 하자'라는 주장은 실현할 수도 달성할 수도 없다. 만약 우리가 그 문제를 기술적으로 해결할 수 있다고 가정해보자. 즉, 외국 수입 제품과 경쟁하고 있는 생산자 A를 관세로 보호해주고, 제품을 수출하는 생산자 B에게는 보조금을 지급한다. 모든 사람을 공정하게 혹은 동등하게 보호하거나 보조금을 지급하기란 절대 불가능하다. 모든 사람에게 관세보호나 보조금을 같은 비율 혹은 같은 금액으로 제공해야 한다. 일부 집단에 중복 지불하거나 특정 단체는 지불받지 못할 가능성을 완전히 배제해야 한다. 과연 우리가 이 환상적인 문제를 풀어낼 수 있을까?

요점은 무엇인가? 모든 사람이 똑같이 보조금을 지급받으면 누가 이득을 얻는가? 모든 사람이 추가된 세금 때문에 손해를 보는데, 보조금이나 보호를 통해 정확히 얼마만큼의 이득을 얻을까? 우리는 그저 이 프로그램을 수행하기 위해 결과적으로 생산에 손해만 끼치는 불필요한 공무원을 추가했을 뿐이다.

반면, 패리티가격 제도와 보호관세 제도 모두를 폐지하면 문제를 간단하게 해결할 수 있다. 두 제도를 동시에 실행해도 전혀 공평해지지 않는다. 오로지 농부 A와 생산자 B가 보이지 않는 C의 희생을 통해 이익을 얻을 뿐이다.

그렇기에 이 계획에 여전히 이점이 남아 있다는 주장은 특정 집단에 대한 즉각적인 영향뿐 아니라 모든 사람에게 미치는 장기적인 영향을 추적하자마자 사라질 것이다.

성장하는 산업, 쇠퇴하는 산업은 필수적이다

의회의 로비는 특정 산업의 대표들로 항상 북적인다. 그 산업은 병들었다. 쇠퇴하는 이 산업을 지켜야 한다. 이 산업은 관세, 더 높은 가격, 또는 보조금으로만 지킬 수 있다. 만약 그 산업의 죽음을 방치한다면, 노동자들이 거리로 내몰리고 그들로 인해 생계를 꾸리던 집주인, 식료품 상인, 정육점 주인, 옷가게 주인, 모든 지역서비스 상인들 역시 파산하게 된다. 경기침체는 더욱더 확산될 것이다. 만약 의회가 신속한 조치로 그 산업을 구조한다면, 아, 그렇다면! 구조를 받은 산업은 다른 산업으로부터 장비를 구매할 것이다, 더 많은 사람이 고용될 것이다, 그들은 정육점 주인, 빵집 주인 그리고 네온 제조업자에 이르기까지 여러 사람에게 더 많은 사업 기회를 제공할 것이다. 그다음에는 전 지역에 번영이 점점 더 퍼져나갈 것이다.

이는 조금 전 우리가 고려했던 사례를 일반화한 형태일 뿐이다. 지금까지 이 특정 산업은 농업이었다. 하지만 무수히 많은 특정 산업이 있다. 가장 주목할 만한 두 가지 예는 석탄 산업과 은 산업이다. 은 산업을 구하기 위해 의회는 엄청난 손해를 유발했다. 은 산업을 구조해야 한다는 근거 중 한 가지로 그 계획이 아시아에 도움이 되리라는 논리가 제기됐다. 그러나 계획의 실제 결과로 은본위제를 실시하던 중국에서는 디플레이션이 발생했고, 중국은 더 이상 은본위제를 유지할 수 없었다. 미국 재무부는 시장가격보다 훨씬 높은 터무니없는 가격으로 불필요한 은괴를 사서 금고에 보관해야만 했다. 광산 소유주나 노동자들에게 노골적인 보조금을 지불했다면 '은 생산지역 출신 상원의원'은 더 작은 피해와 비용으로 자신의 근본적인 정치적 목표를 달성할 수 있었을 것이다. 그러나 의회와 국가는 국가통화에 있어서 은의 필수불가결한 역할에 관한 관념적인 허튼소리가 없었다면 그러한 명백한 도둑질을 결코 승인하지 않았을 것이다.

석탄 산업을 구하기 위해 의회는 구피법Guffey Act을 통과시켰다. 이로써 석탄 광산 소유주는 정부가 정한 최저가격 이하로는 판매하지 않도록 서로 공모할 수 있게 됐을뿐더러 그렇게 해야만 했다. 의회가 석탄 가격을 결정하기 시작했지만 정부는 곧바로 이 조치가 크고 작은 수천 개의 광산에서 철도, 트럭, 배와 바지선으로 수천 개 지역으로 운반되는 35만 개의 개별 석탄 가격을 결정하는 일임을 깨달았다.[4] 석탄 가격을 경쟁력 있는 시장가격 수준 이상으로 유지하려 한 이 시도에 효과가 있었다면 그중 한 가지는 전력이나 난방의 에너지원을 석탄이 아닌 석유, 천연가스 및 수력 에너지 등으로 대체하려는 소비자의 경향을 가속화한 것이었다.

우리의 목표는 역사적으로 특정 산업을 구하기 위해 행해진 노력이 초래한 모든 결과를 추적하는 것이 아니라, 특정 산업을 구하기 위한 노력에 따르는 주요 결과 중 몇 가지를 추적하는 것이다.

군사적 이유로 특정 산업이 만들어지거나 보존돼야 한다고 주장할 수 있다. 특정 산업이 다른 산업에 비해 불균형한 세금이나 임금률 때문에 파괴되고 있다고 주장할 수 있다. 공익 기업체라면 적절한 이윤을 허용하지 않는 요금으로 운영되도록 강요당하고 있다고 주장할 수 있다. 그러한 주장은 특정 경우에 정당화될 수도 있고 그렇지 않을 수도 있다. 그러한 사안은 지금 우리의 관심사가 아니다. 우리는 단지 특정 산업을 살리자는 주장에만 관심이 있다. 그들은 (산업 대변인이 항상 자유방임의, 무정부의, 생존을 위협하는 동족상잔의 정글의 법칙만 존재한다고 묘사하는) 자유경쟁의 힘으로 그 산업이 축소되거나 소멸되면 경제 전반이 무너질 것이며, 만약 인위적으로 유지된다면 다른 모든 사람에게 도움이 된다고 주장한다.

여기서 논하고 있는 것은 농산물에 패리티가격을 도입하자는 주장이나 몇몇 특정 산업을 관세로 보호하자는 논쟁의 일반적인 사례일 뿐이다. 한 산업에 대한 관세보호에 반대하는 이유가 다른 모든 산업에 적용될 수 있는 것처럼, 인위적인 높은 가격에 반대하는 주장은 당연히 농산물뿐만 아니라 다른 제품에도 적용된다.

그러나 특정 산업을 구제하기 위한 계획은 항상 얼마든지 있다. 그러한 제안에는 우리가 이미 고려한 것 외에 크게 두 가지 유형이 있는데 그에 대해 간단히 살펴보려 한다. 하나는 특정 산업이 이미 '과밀'하다고 주장하면서 다른 회사나 노동자들이 그 산업에 뛰어드는 것을 막으려 노력하는 것이다. 그리고 다른 하나는 특정 산업이 정부로부터 직접적인 보조금을 지원받을 필요가 있다고 주장하는 것이다.

만약 어떤 산업이 다른 산업에 비해 정말로 과밀한 상태라면 새로운 자본이나 새로운 노동자의 진입을 막기 위한 어떠한 강압적인 법률 제정도 필요하지 않을 것이다. 새로운 자본은 죽어가는 산업에 몰리지 않는다. 투자자들은 최저 수익률과 최고 손실 위험을 동시에 갖는 산업을 열성적으로 찾지 않는다. 또한 노동자는 더 나은 대안이 있다면 임금이 가장 낮고 고용 전망이 불안정한 산업에 몸담으려 하지 않는다.

새로운 자본과 신규 노동자가 독점, 카르텔, 노조정책 또는 법제 등으로 인해 특정 산업에서 강제로 배제된다면, 이는 자본 및 노동자의 선택의 자유를 빼앗는 것이다. 이러한 조치는 투자자에게 수익률이 특정 산업보다 덜 유망해 보이는 곳에 그들의 돈을 투자하라고 강요하는 것과 마찬가지다. 또한 노동자에게 병들었다는 특정 산업에서 얻을 수 있는 것보다 훨씬 더 임금이 낮고 전망이 어두운 산업에서 일하라고 강제하는 것이다. 간단히 말해서, 자본과 노동자가 그들 자신의 자유로운 선택을 허락받았을 때보다 덜 효율적으로 고용된다는 의미다. 이는 생산의 감소와 생활수준의 하락을 뜻한다. 결국, 더 낮아진 평균임금 혹은 더 높아진 평균 생활비 혹은 두 가지의 조합으로 인해 노동자의 생활수준은 낮아질 것이다. (정확한 결과는 수반되는 통화정책에 달려 있다.)

이러한 규제정책으로 특정 산업 자체에서의 임금과 자본수익은 실제로 다른 산업보다 더 높게 유지될 수 있다. 그러나 다른 산업에서의 임금과 자본수익은 하락할 수밖에 없다. A, B, C 산업을 희생한 대가로 X 산업이 이익을 얻는 것이다.

공공기금으로 직접 보조금을 지급해 특정 산업을 구제하려는 경우도 유사한 결과를 가져올 것이다. 이러한 조치는 그저 특정 산업으로 부나 소득을 이전하는 것에 지나지 않는다. 납세자는 정확히 특정 산업이 얻은 혜택만큼의 돈을 잃을 것이다. 대중의 관점에서 보조금의 가장 큰 장점은 특정 산업이 받는 혜택이 매우 명확하다는 것이다. 관세, 최저가격 담합 또는 독점적 배제에 대한 논쟁에 비해 수반되는 지적인 혼동이 훨씬 덜하다.

보조금을 지급하면 납세자는 정확히 특정 산업이 얻는 것만큼 손해를 본다. 결과적으로, 다른 산업들도 특정 산업의 이득만큼 잃는다는 것은 명백하다. 그들은 특정 산업을 지원하는 데 사용되는 세금의 일부를 납부해야 한다. 고객은 특정 산업을 지원하기 위한 세금을 납부하느라 다른 물건을 구입할 돈이 훨씬 적어질 것이다. 그 결과, 특정 산업을 더 키우기 위해 다른 모든 산업은 평균적으로 더 작아져야만 한다.

이러한 보조금의 결과는 단지 부나 소득의 이전, 혹은 특정 산업이 확대된 만큼 다른 산업이 전체적으로 위축된다는 것만을 의미하지 않는다. 자본과 노동이 효율적으로 사용되는 산업에서 비효율적으로 사용되는 산업으로 전환된다(이 때문에 국가 전체적으로 볼 때 순손실이 발생한다). 따라서 부의 창출이 줄어들고, 평균적인 생활수준은 보조금을 지급하지 않을 때에 비해 낮아진다.

ıll

이러한 결과는 특정 산업에 보조금을 지급하자는 주장에 사실상 내재돼 있다. 보조금 옹호자들의 주장에 따르면 특정 산업은 위축되거나 쇠퇴하고 있다. 왜 인공호흡으로 그 산업을 살려둬야 하느냐는 의문이 들 수 있다. 경제성장이 모든 산업의 동시 확장을 의미한다는 생각은 심각한 오류다. 새로운 산업이 충분히 빠르게 성장하기 위해서는, 일반적으로 일부 오래된 산업이 위축되거나 소멸되도록 허용해야 한다. 그래야 새로운 산업에 필요한 자본과 노동력을 오래된 산업에서 이전받을 수 있다. 만약 마차 산업을 인위적으로 유지하고자 한다면 자동차 산업과 거기에 의존하는 다른 산업의 성장을 늦춰야 한다. 부의 증가 수준을 낮추고 경제 및 과학의 발전 속도를 늦춰야 한다.

이미 훈련된 노동력이나 투자된 자본을 보호하기 위해 특정 산업의 소멸을 막으려고 노력하는 것도 같은 상황이다. 일부 사람들에게는 역설적으로 보일지 모르지만, 성장하는 산업이 커나갈 수 있게 허용하는 것만큼이나 소멸하는 산업이 소멸하도록 허용하는 것 또한 역동적인 경제 건강에 반드시 필요하다. 후자의 과정은 전자의 과정에 필수적

125

이다. 쇠퇴해가는 생산 방식을 보존하려고 애쓰는 것만큼이나 쇠퇴해가는 산업을 보존하려고 하는 것은 어리석다. 사실 이는 종종 같은 것을 설명하는 두 가지 방법일 뿐이다. 오래된 수요와 새로운 욕구가 더 나은 상품과 더 나은 수단으로 충족되려면, 개선된 생산 방법이 계속해서 낡은 방법을 대체해야 한다.

가격체계가
상품의 생산량을 결정한다

이 책의 전체적인 주장은 어떤 경제적 제안의 효과를 연구할 때는 즉각
적인 결과뿐만 아니라 장기적으로 그 결과를 추적해야 한다는 문장으
로 요약될 수 있다. 단지 일차적인 결과뿐만 아니라 이차적인 결과도 추
적해야 하며, 특정한 집단에 미치는 영향뿐만 아니라 모든 사람에게 미
치는 영향도 살펴봐야 한다. 예를 들어 전체적으로 어떤 일이 일어나는
지를 고려하지 않고 특정 산업에서 일어나는 일만 조사하는 것처럼, 그
저 몇몇 특정한 점에만 주의를 집중하는 것은 어리석은 일이며 잘못된
결과를 도출할 가능성이 크다. 경제학의 핵심 오류는 일부 특정 산업이
나 과정만을 따로 떼놓고 생각하는 끈질기고도 게으른 습관에서 비롯
된다. 이러한 오류는 특정 이익단체에 고용된 대변인들뿐만 아니라 저
명한 몇몇 경제학자들의 주장에까지 만연해 있다.

　'이윤을 위한 생산이 아닌 사용을 위한 생산'을 주장하는 학파가
가격체계가 사악하다고 공격하는 기저에는 고립의 오류가 있다. 이 학

파의 지지자들은 생산 문제는 해결됐다고 말한다. (이러한 엄청난 오류는 대부분의 엉터리 통화 신봉자와 부의 공유를 주장하는 사기꾼의 출발점이기도 하다.) 과학자, 효율성 전문가, 엔지니어, 기술자가 생산 문제를 해결했다. 그들은 우리가 언급하는 거의 모든 것을 사실상 무제한으로 생산할 수 있다. 그러나 안타깝게도, 세계는 오로지 생산만 생각하는 기술자가 아니라 이익만 생각하는 사업가의 지배를 받는다. 엔지니어가 사업가에게 명령을 내리는 게 아니라, 사업가가 엔지니어에게 명령을 내린다. 이 사업가는 이익을 얻는 한 계속해서 상품을 생산할 것이다. 하지만 많은 사람들의 욕구가 아직 충족되지 않았고 세상이 더 많은 상품을 요구한다 해도, 그 상품에서 이익이 발생하지 않는 순간 뱃속이 시키면 사업가는 생산을 중단할 것이다.

이 관점에는 오류가 너무 많아서 한꺼번에 풀어낼 수가 없다. 그러나 앞서 언급한 바와 같이 중심적인 오류는 하나의 산업, 혹은 심지어 여러 산업을 마치 각기 고립돼 있는 것처럼 따로따로 보는 데서 비롯된다. 각각의 산업은 사실 다른 모든 산업과 연결돼 존재하며, 한 산업에서 이뤄지는 중요한 결정은 다른 모든 산업의 결정에 영향을 주고 영향을 받는다.

기업이 집단적으로 풀어야 할 기본 문제를 이해한다면 이러한 관계를 더 잘 이해할 수 있다. 이 문제를 되도록 단순화하기 위해, 무인도에서 로빈슨 크루소가 맞닥뜨리는 문제를 생각해보자. 처음에 그의 욕구는 끝이 없어 보인다. 비에 흠뻑 젖었고, 추위에 떨고 있으며, 굶주림과 갈증에 고통당하고 있다. 그는 모든 것을 필요로 한다. 물, 음식, 머리

위 지붕, 동물들로부터의 보호, 불, 그리고 누울 수 있는 부드러운 장소 등. 그가 이 모든 욕구를 한꺼번에 충족시키기란 불가능하다. 그에게는 시간, 에너지, 자원이 없다. 그는 즉시 가장 절박한 필요에 응해야 한다. 갈증 해결이 가장 절박하다고 가정하자. 그는 빗물을 모으기 위해 모래를 파 구덩이를 만들거나, 그릇으로 쓸 만한 물건을 찾아야 한다. 조금이라도 갈증이 해소됐다면 그것을 개선하려고 하기 전에 음식을 찾는 데 눈을 돌려야 한다. 물고기를 잡으려 할 수 있다. 하지만 낚시를 하려면 낚싯줄과 바늘이나 그물이 필요하다. 하지만 그것을 만들기 위해 어떤 일이든 하면 그보다 조금 덜 다급한 다른 일을 할 수가 없다. 그는 시간과 노동을 사용함에 있어 양자택일의 문제에 끊임없이 직면한다.

스위스에 사는 로빈슨 가족은 아마도 이 문제를 조금 더 쉽게 해결할 수 있을 것이다. 먹여야 할 가족이 더 많지만 그들을 위해 일할 일손도 더 많다. 그들은 분업과 노동의 전문화를 실천할 수 있다. 아버지는 사냥을 하고 어머니는 음식을 준비한다. 아이들은 장작을 모은다. 그러나 아무리 가족이래도 공통적 필요의 상대적 절박함과 다른 욕구의 긴급함을 무시하고 한 구성원이 끝없이 같은 일을 하도록 내버려둘 수는 없다. 아이들이 어느 정도 장작을 모았다면 그들은 마냥 장작더미를 늘리고만 있을 수 없다. 곧 그들 중 한 명이 물을 더 구하는 임무를 부여받는다. 가족 역시 노동의 대안적 활용 방법 중에서 끊임없이 선택을 해야 한다. 그 가족이 운 좋게 총, 어업 도구, 보트, 도끼, 톱 등을 획득한다면 그들은 노동과 자본의 여러 대안적 활용 방법 중에서 선택을 내려야 한다. 장작을 모으는 가족들이 만약 남동생이 가족의 저녁식사에 필요한 물고기를 낚는 대신, 하루 종일 자신들을 도왔다면 장작을 더 많이 모을 수 있었을 거라고 불평한다면 말할 수 없이 어리석게 여겨질 것이다. 고립된 개인이나 가정에서 한 직종은 분명 다른 모든 직종의 희생을 통해서만 확장될 수 있다.

이와 같은 기본적인 예시는 때때로 '크루소 경제학'이라고 불리며 조롱당한다. 불행히도 이 예시는 이것이 가장 필요한 사람들, 이런 단순한 형태로 설명된 원칙조차 이해하지 못하는 사람들, 혹은 거대한 현대 경제사회의 복잡한 문제를 조사하려고 하면서 그 원칙을 완전히 잊어버리는 사람들에게 가장 많이 조롱을 받는다.

ıl

이제 거대한 현대 경제사회로 돌아가보자. 이 사회에서는 수천 가지의 서로 다른 욕구와 긴급함의 정도가 다른 필요를 충족시키기 위해 노동과 자본의 양자택일 문제를 어떻게 해결하는가? 이는 가격체계를 통해 정확히 해결된다. 끊임없이 변화하는 생산비용, 가격 및 이익의 상호관계를 통해 해결된다.

가격은 수요와 공급의 관계를 통해 결정되며, 다시 수요와 공급에 영향을 미친다. 사람들이 어떤 상품을 더 간절히 원하면 그들은 그 상품을 얻기 위해 더 많은 것을 기꺼이 제공할 것이다. 따라서 가격이 오른다. 높아진 가격은 그 상품을 만드는 사람의 이익을 증가시킨다. 그 상품이 다른 상품보다 수익성이 높기 때문에, 이미 그 산업에 종사하는 사람은 생산을 확장하고 더 많은 사람을 끌어들인다. 공급이 늘어나면 해당 상품의 이윤이 다른 산업에서의 일반적인 이익 수준으로 떨어질 때까지(상대적 위험 고려) 가격이 하락하고 이윤이 감소한다. 그 상품에 대한 수요가 떨어질 수도 있고, 해당 상품을 만드는 것이 다른 상품을 만들 때보다 이익이 덜 되는 수준으로 공급이 늘어날 수도 있다. 상품을 만드는 데 있어 실제로 손실이 발생할 수도 있다. 이 경우 한계생산자는, 즉 효율성이 가장 낮거나 생산비용이 가장 높은 생산자는 모두 폐업하게 된다. 그 제품은 이제 더 낮은 비용으로 운영하는 더 효율적인 생산자들에 의해서만 만들어질 것이다. 그 상품의 공급 또한 감소할 것이며, 적어도 확장은 멈출 것이다.

이러한 과정은 가격이 생산비용에 의해 결정된다는 믿음의 근원이다. 하지만 이러한 형식으로 설명된 학설은 사실이 아니다. 가격은 생산비용이 아니라 공급과 수요에 의해 결정되며, 수요는 사람들이 상품을 얼마나 강하게 원하는지 그리고 그 대가로 무엇을 지불해야 하는지에 따라 결정된다. 공급이 부분적으로 생산비용에 의해 결정된다는 것은 사실이다. 그러나 어떤 상품의 생산에 들어간 과거의 지출비용만으로 그 가치를 결정할 수는 없다. 가격은 현재의 수요와 공급의 관계에 달려 있다. 그렇다고 해도 어떤 상품의 생산에 들어갈 미래 비용과 그 상품의 미래 가격에 대한 사업가의 기대는 그것을 얼마나 만들지를 결정한다. 이 결정은 미래의 공급에 영향을 미친다. 따라서 상품의 가격과 그 생산의 한계생산비가 서로 같아지려는 경향이 지속되지만, 한계생산비가 가격을 직접 결정하지는 않는다.

민간기업 시스템은 수천 개의 기계에 비유될 수 있다. 각각의 기계는 반자동 조속기에 의해 조정되고, 이 기계들과 반자동 조속기는 연결돼 서로 영향을 미치는 하나의 거대한 기계처럼 행동한다. 증기기관의 자동 조속기를 본 적이 있을 것이다. 그것은 보통 원심력으로 작용하는 두 개의 무거운 공이나 무게추로 구성된다. 엔진 속도가 빨라지면 이 공들은 붙어 있던 막대에서 멀리 날아가 자동으로 증기의 흡입량을 조절하는 스로틀throttle 밸브를 좁히거나 닫아서 엔진을 느리게 한다. 반면에 엔진이 너무 느리게 움직이면 공들이 떨어져 스로틀 밸브를 넓히고 엔진 속도를 끌어올린다. 따라서 원하는 속도로부터의 이탈은 그 이탈을 교정하는 힘을 작동시킨다.

경쟁적인 민간기업 체제하에서 수천 가지 서로 다른 상품의 공급이 규제되는 방식도 바로 이러하다. 사람들이 어떤 상품을 더 많이 원하면 경쟁적 입찰로 인해 그 가격이 상승한다. 이는 그 제품을 만드는 생산자들의 이익을 증가시키고, 그들이 생산을 늘리도록 자극한다. 또한 다른 사람들로 하여금 전에 만들던 제품 중 일부의 생산을 중단하고 그들에게 더 나은 수익을 제공하는 제품을 생산하도록 만든다. 그러나 이렇게 되면 다른 상품의 공급은 감소하는 동시에 그 상품의 공급은 증가한다. 따라서 그 상품의 가격이 다른 제품의 가격에 비해 하락하고 생산량 증가에 대한 자극은 사라진다. 같은 방식으로, 어떤 제품의 수요가 감소하면 그 제품의 가격과 이윤이 감소하고 따라서 생산 또한 감소한다.

가격체계를 이해하지 못하는 사람들은 이 마지막 전개에 분개한다. 그들은 이러한 가격체계가 결핍을 초래한다고 비난한다. 그들은 왜 제조업자들이 수익성이 없어지는 시점에 신발 생산을 중단해야 하느냐고 분개하며 묻는다. 왜 제조업자들은 단지 그들 자신의 이익에만 이끌려야 하는가? 그들은 왜 시장에 의해 지배돼야 하는가? 왜 '현대 기술 공정의 최대 생산력'까지 신발을 생산하지 않는가? '용도생산production-for-use' 철학자들은 가격체계와 민간기업은 단지 '결핍의 경제학scarcity economics'의 한 형태일 뿐이라고 결론짓는다.

이러한 질문과 결론은 한 산업을 고립된 채로 바라보고, 숲이 아니라 나무만 바라보는 오류에서 비롯된다. 어느 정도까지는 신발 생산이 필요하다. 그러나 코트, 셔츠, 바지, 집, 쟁반, 삽, 공장, 다리, 우유, 빵의 생산도 필요하다. 더 긴급한 수백 가지 필요가 채워지지 않았는데 단지 그것을 할 수 있다는 이유만으로 잉여 신발을 산더미처럼 쌓아올린다면 어리석은 일일 것이다.

경제가 균형 상태에 있을 때, 특정 산업은 다른 산업의 희생을 통해서만 확장될 수 있다. 언제나 생산요소는 제한적이다. 한 산업은 다른 산업에서 사용될 노동력, 토지, 자본을 끌어와야만 확장될 수 있다. 그리고 특정 산업이 위축되거나 생산량의 확장이 멈춘다고 해서 반드시 총생산의 감소를 의미하지는 않는다. 그 시점에서의 감소는 다른 산업의 확장을 허용하기 위해 단지 노동력과 자본을 놓아준 것일 수도 있다. 따라서 한 분야의 생산 감소가 반드시 총생산량의 감소를 의미한다고 결론짓는 것은 잘못이다.

모든 것은 다른 것을 포기하는 대가로 생산된다. 사실, 생산비용 자체는 그것을 만들기 위해 포기한 것(여가와 오락, 다른 곳에 잠재적으로 사용될 수 있는 원료)으로 정의될 수 있다.

성장하는 산업이 성장할 수 있도록 사양산업이 사라지도록 허용하는 것은 역동적인 경제의 건강을 위해서도 필수적이다. 왜냐하면 사양산업이 성장하는 산업에 제공돼야 할 노동력과 자본을 흡수하기 때문이다. 수만 가지의 서로 다른 상품과 서비스의 생산량을 정확히 결정하는 엄청나게 복잡한 문제를 해결하는 것은, 이렇듯 많은 비난을 받고 있는 가격체계뿐이다. 이 당황스러운 방정식은 가격, 이익, 비용 체계에 의해 거의 자동적으로 해결된다.

가격체계는 어떤 관료 집단보다도 이 문제를 더 잘 해결할 수 있다. 소비자가 매일 자신의 수요를 결정하고 선택하는 시스템으로 문제가 해결되기 때문이다. 반면 관료들은 소비자가 원하는 것이 아니라 소비자에게 좋다고 생각되는 것을 선택함으로써 그 문제를 해결하려고 노력하지만, 결국 관료들 자신에게 유익한 결정을 내린다.

관료들은 거의 자동적인 시장의 체계를 제대로 이해하지 못하지만, 항상 시장체제로 골치를 썩는다. 그들은 항상 시장체계를 개선하거나 고치려고 노력하는데, 대개는 우는소리를 하는 압력집단의 이익을 위해서다. 그들이 개입함으로써 어떤 결과가 초래되는지는 다음 장에서 살펴보겠다.

가격 안정화 정책은
부와 자유를 제한한다

특정 상품의 가격을 자연스럽게 형성된 시장가격 수준 이상으로 영구히 올리려는 시도는 너무나 자주 실패했고, 또 너무나 비참하고 악명 높아서, 정교한 압력단체와 그들이 압력을 가하는 관료들은 좀처럼 그러한 목표를 공공연히 말하지 않는다. 특히 처음으로 정부가 개입할 것을 제안할 때 그들의 명시적 목표는 대개 더 조심스럽고 그럴듯하다.

그들은 특정 상품의 가격을 자연스럽게 형성된 시장가격 수준 이상으로 영구히 올리기를 희망하지 않는다고 주장한다. 그들은 그 목표가 소비자들에게 불공평하다는 것을 인정하며 다음과 같이 주장한다. 현재 특정 상품은 분명히 자연스럽게 형성된 시장가격 수준보다 훨씬 낮은 수준으로 팔리고 있다. 생산자들은 생계를 유지할 수 없다. 우리가 신속하게 행동하지 않으면, 그들은 폐업할 것이다. 그러면 특정 상품은 부족해질 테고, 소비자는 그 상품에 터무니없이 높은 가격을 지불해야 할 것이다. 소비자가 지금 누리고 있는 명백하게 저렴한 가격은 결국 그들 자신에게 많은 대가를 치르게 할 것이다. 현재의 일시적인 저가격은 지속될 수 없다. 그러나 이른바 '보이지 않는 손'이라고 불리는 공급과 수요의 맹목적인 법칙이 상황을 바로잡기를 마냥 기다릴 수는 없다. 그때쯤이면 생산자는 파산하고 우리는 그 상품의 엄청난 부족에 맞닥뜨릴 것이다. 정부는 행동해야 한다. 우리가 정말로 원하는 것은 이처럼 폭력적이고 분별없는 가격변동을 바로잡는 것뿐이다. 가격을 올리려는 게 아니라, 단지 가격을 안정시키려고 노력할 뿐이다.

여기에는 일반적으로 몇 가지 방법이 제안된다. 가장 빈번한 것은 농부들이 농작물을 시장에 당장 출하해 판매하지 않도록 정부가 농부들에게 대출을 해주는 방법이다.

이러한 대출은 대부분의 사람들에게 매우 그럴듯하게 들리기 때문에 의회에서 강력하게 추진된다. 그들은 다음과 같이 이야기한다. 농작물은 수확 시기에 한꺼번에 시장으로 쏟아져 나온다. 이때가 정확히 가격이 가장 낮은 때이며, 투기꾼들은 농작물을 싼값에 사들여 곡물이 다시 부족해져서 높은 가격에 농작물을 팔 수 있을 때까지 보관한다. 이때문에 농민들이 고통을 받고 있으며, 투기꾼이 아닌 농민이 더 높은 평균가격의 혜택을 받도록 해야 한다.

이 주장은 이론이나 경험으로 뒷받침되지 않는다. 많은 비난을 받는 투기꾼은 농부의 적이 아니다. 오히려 그들은 농부들을 위한 최상의 복지에 필수적이다. 농산물 가격변동의 위험은 누군가가 부담해야 한다. 사실 현대에는 주로 전문 투기꾼들이 이를 부담한다. 보통은 투기꾼으로서 자신의 이익을 위해 더 능숙하게 행동할수록 농부를 더 많이 돕는다. 투기꾼은 미래의 가격을 예측하는 능력에 비례하여 이익을 본다. 또한 그들이 미래 가격을 더 정확하게 예측할수록, 농산물 가격은 덜 난폭하고 덜 극단적이 된다.

그러므로 농부들이 1년 중 단 한 달 동안에 밀 수확량 전부를 시장에 내다 팔아야 한다고 해도, 그달의 가격이 반드시 다른 달의 가격보다 낮지는 않을 것이다(보관비는 고려하지 않았다). 투기꾼이 이익을 기대하며 그 시점에 집중적으로 매수를 할 것이기 때문이다. 그들은 더 이상 미래 이윤의 기회를 얻을 수 없을 정도로 가격이 오를 때까지 계속 구매할 것이다. 그리고 미래에 손실을 볼 가능성이 있다고 생각할 때마다 팔 것이다. 그 결과 농산물 가격은 1년 내내 안정적으로 움직인다.

농부와 제분업자는 전문적인 투기꾼이 존재함으로써 위험을 떠안을 필요가 없어진다. 농부와 제분업자는 시장을 통해 스스로를 보호할 수 있다. 그러므로 정상적인 조건에서 투기꾼이 일을 잘하고 있을 때, 농부와 제분업자의 이익은 대부분 시가 변동이 아니라 그들 자신의 기술과 산업 상황에 달려 있다.

실제 경험에 따르면 밀을 비롯해 보관이 가능한 농작물의 가격은 보관료, 이자 및 보험료를 제외하면 1년 내내 그대로 유지된다. 일부 신중한 연구는 수확 시점 이후 월평균 상승폭이 저장비용을 지급하기에는 상당히 부족해서, 투기꾼들이 실제로 농민들에게 보조금을 지급한 효과가 있다는 것을 보여주기도 했다. 물론 이는 그들이 의도한 바가 아니었다. 그저 투기꾼의 입장에서 지나치게 낙관하려는 끈질긴 경향의 결과였다. (이러한 경향은 치열한 경쟁을 벌이는 대부분의 기업가들에게서 볼 수 있다. 그들은 의도와는 반대로 끊임없이 소비자에게 보조금을 지급한다. 이러한 현상은 특히 큰 투기성 이득이 전망되는 곳이라면 어디에서든 관찰된다. 계속해서 복권을 구입하는 개인은 당첨확률이 낮은 어마어마한 당첨금을 터무니없이 기대하면서 손해를 본다. 마찬가지로 금이나 석유를 찾아내기 위해 투입된 노동력과 자본의 총가치는 추출한 금이나 석유의 총가치를 초과한 것으로 계산됐다.)

　그러나 국가가 개입해서 농부들의 농작물을 사들이거나, 농작물을 시장에 늦게 내놓게 하기 위해 돈을 빌려주는 경우는 다르다. 이러한 조치는 때때로 '정부 보유 농산물ever-normal granary(생산자 가격의 안정을 위해, 혹은 흉작에 대비해 정부가 사들여서 저장하는 잉여 농산물_옮긴이)'을 유지한다는 명분으로 행해진다. 그러나 농산물 가격의 변화와 연간 이월 농산물의 과거 기록은 이 기능이 이미 민간 자유시장에 의해 잘 수행되고 있음을 보여준다. 정부가 개입하면 '정부 보유 농산물'은 '정부 정치 농산물ever-political granary'이 된다. 납세자의 돈으로 농부가 자신의 농작물을 과도하게 보유하도록 장려하는 것이다. 정책을 만드는 정치가나 정책을 수행하는 관료는 농부의 표를 확실히 지켜내기 위해 수요와 공급 조건에 맞는 정당한 가격보다 높은 이른바 농산물 공정가격을 정한다. 이는 구매자의 감소로 이어지기 때문에 정부 보유 농산물은 그 의도와 달리 항상 비정상적으로 흐르는 경향이 있다. 농산물의 과잉 재고를 통해 시장 유통을 줄임으로써 일시적으로는 높은 가격을 보장할 수 있지만, 나중에는 그러지 않았을 때보다 훨씬 더 낮은 가격을 맞이할 수밖에 없다. 올해 농산물의 일부를 시장에 출하하지 않아서 만든 인위적인 부족은 내년의 인위적 잉여를 의미하기 때문이다.

예를 들어, 이 프로그램이 미국 면화에 적용됐을 때 실제로 어떤 일이 벌어졌는지 살펴보자.[5] 미국은 1년 동안 생산한 면화 전부를 창고에 쌓아뒀다. 미국은 미국 면화의 해외시장을 파괴했다. 이 정책은 다른 나라의 면화 재배업의 성장을 엄청나게 자극했다. 규제와 대출 정책에 반대하는 이들은 이런 결과를 이미 예측했지만, 그 결과가 실제로 벌어졌을 때 책임을 져야 하는 관료들은 어쨌거나 일어날 일이었다고 대답했을 뿐이다.

대출 정책은 대개 생산을 제한하는 정책, 즉 희소성의 정책을 수반하거나 그러한 정책을 불가피하게 유도한다. 상품 가격을 안정시키기 위한 거의 모든 노력에서는 항상 생산자의 이익이 우선시됐다. 따라서 정책의 진짜 목적은 즉각적인 가격 상승이다. 이를 위해 대개 통제의 대상인 각 생산자에게 비례적인 생산 규제가 이뤄지고, 이는 즉시 몇 가지 악영향을 가져온다. 통제가 국제적 차원에서 시행될 수 있다고 가정한다면 세계 총생산이 감소한다는 뜻이다. 세계의 소비자들은 제한이 없었을 때 그들이 누릴 수 있었던 것보다 그 제품을 더 적게 누려야 한다. 세상이 그만큼 더 가난해지는 것이다. 소비자는 그 제품에 평소보다 더 높은 가격을 지불해야 하기 때문에 다른 제품에 쓸 돈이 그만큼 줄어든다.

▮▮▮

규제론자들은 대개 이런 생산량 감소가 시장경제 아래서 어쨌든 일어나는 일이라고 대답한다. 그러나 우리가 앞서 살펴보았듯 근본적인 차이가 있다. 경쟁적인 시장경제에서는 고비용 생산자, 비효율적인 생산자가 가격 하락에 의해 퇴출된다. 농산물의 경우, 가장 무능한 농부나 가장 낙후된 장비를 가진 농부, 또는 가장 척박한 땅을 경작하는 농부가 쫓겨난다. 비옥한 땅에서 농사를 짓는 유능한 농부는 그들의 생산을 제한할 필요가 없다. 오히려, 가격 하락이 공급량 증가로 인한 평균 생산비용의 감소를 나타내는 징후를 보인다면, 한계 토지를 이용하는 한계 농민의 퇴출은 좋은 토지를 이용하는 좋은 농부가 생산을 확장할 수 있도록 해준다. 따라서 장기적으로 볼 때 그 상품의 생산량은 감소하지 않을 테고 그 제품은 영구히 더 낮은 가격에 생산되고 판매된다.

만약 이러한 결과가 나오면, 그 상품의 소비자는 이전과 마찬가지로 그 상품을 잘 공급받을 것이고, 더 낮은 가격 덕분에 다른 데 쓸 돈이 더 많이 남게 된다. 그러므로 소비자는 분명 전보다 더 잘살게 된다. 또한 다른 제품에 대한 소비자의 지출이 증가하면 다른 분야의 고용이 늘어날 테고, 결국 한계 농부는 그들의 노력이 더 인정받고 효율적으로 사용될 산업 분야에 흡수된다.

한편, (정부의 개입 계획으로 돌아와) 획일적인 비례규제는 효율적인 저비용 생산자들이 그들이 할 수 있는 만큼 낮은 가격에 모든 물품을 생산하도록 허용하지 않는다는 것을 의미한다. 반면에 비효율적인 고비용 생산자들은 인위적으로 사업을 유지한다는 뜻이다. 이는 제품 생산의 평균비용을 증가시킨다. 규제가 없을 때보다 생산은 덜 효율적으로 이뤄진다. 따라서 해당 생산라인에서 인위적으로 유지되고 있는 비효율적인 한계 생산자는 훨씬 더 유익하고 효율적으로 다른 용도에 사용될 수 있는 토지, 노동, 자본을 계속 묶어놓는다.

규제 계획의 결과로 적어도 농산물 가격이 올랐고 농부들이 더 많은 구매력을 갖게 됐다고 주장하는 것은 의미가 없다. 그들은 단지 도시 소비자로부터 구매력을 빼앗음으로써 그 결과를 얻었다. (이미 패리티가격을 분석하며 이 모든 것을 살펴봤다.) 농부가 생산을 제한하도록 하기 위해 돈을 지급하거나 인위적으로 제한된 생산만큼 그들에게 돈을 지급하는 것은, 아무것도 하지 않는 사람에게 소비자나 납세자의 돈을 지불하도록 하는 것과 다르지 않다. 각각의 경우 이 정책의 수혜자는 구매력을 얻는다. 하지만 어떠한 경우든 다른 사람은 정확히 같은 금액을 잃는다. 생산하지 않는 것에 대한 지원 때문에, 지역사회는 생산의 손실이라는 순손실을 겪는다. 모든 사람이 더 적게 갖게 되고 세상에 존재하는 돈도 줄어든다. 이로써 통화량 감소나 더 높은 생활비를 통해 실질임금과 실질소득이 감소한다.

그러나 농산물 가격을 유지하기 위한 시도를 하면서 생산을 인위적으로 제한하지 않는다면, 통제 프로그램이 시행되지 않았을 때보다 훨씬 더 높은 가격 때문에 팔리지 않는 제품의 잉여가 계속 쌓이게 된다. 또는 제한 생산 프로그램에서 벗어난 생산자들이 인위적인 가격 상승에 자극을 받아서 자체 생산량을 엄청나게 늘린다. 영국의 고무규제법과 미국의 면화규제프로그램에서 실제로 일어난 일이다. 어느 경우든 가격 폭락은 결국에는 규제 계획이 없었다면 결코 도달하지 못했을 재앙 수준으로 치닫는다. 가격과 조건의 '안정화'를 위해 그렇게 과감하게 시작된 계획은 시장의 자유로운 힘이 불러올 수 있는 것보다 훨씬 더 큰 불안정을 가져온다.

그럼에도 불구하고 국제 상품에 대한 새로운 통제는 끊임없이 제안되고 있다. 그들은 이번에는 정말로 과거의 모든 오류를 피할 것이라고 주장한다. 이번에는 생산자뿐 아니라 소비자에게까지 공정하게 상품가격이 고정되리라고 말한다. 생산국과 소비국 모두 비합리적이지 않기 때문에, 이 공정한 가격이 무엇인지에 대해 합의할 것이다. 고정가격은 국가 간 생산과 소비의 공정한 할당과 분배를 반드시 필요로 하지만, 냉소적인 사람만이 이에 대한 꼴사나운 국제적 논쟁을 예상할 것이다. 마침내, 무엇보다도 가장 큰 기적에 의해, 이러한 초국제적인 통제와 강제의 세계 또한 국제 '자유'무역의 세계가 될 것이다.

이와 관련하여 정부 입안자들이 말하는 자유무역이 어떤 뜻인지 나는 확신할 수 없다. 하지만 그것이 절대 의미하지 않는 것 중 몇 가지는 확신할 수 있다. 여기서 자유무역이란 평범한 사람들이 자신들이 좋아하는 가격이나 이율, 그리고 스스로에게 가장 이익이 된다고 생각하는 곳에서 사고팔고 빌려주고 빌리는 자유를 의미하지는 않는다. 평범한 사람들이 원하는 양만큼 농작물을 재배하고 마음대로 오가고 원하는 곳에 정착하고, 자신의 자본과 다른 물품을 소유하는 자유를 의미하지 않는다. 정부 입안자들에게 자유무역이란 아마 그들이 국민을 위해 이 문제를 해결할 수 있는 자유를 의미하는 듯하다. 그리고 만약 국민이 정부 관료들에게 온순하게 복종하면 생활수준의 상승으로 보상을 받을 것이라고 말한다. 그러나 정부 입안자들이 경제생활에 대한 국가의 지배와 통제력을 강화한다는 생각과 국제협력 개념을 결합하는 데 성공한다면 미래의 국제적 통제는 그저 과거의 패턴을 따를 가능성이 너무나 높아서 평범한 사람의 생활수준은 그의 자유와 함께 쇠퇴할 것이다.

완벽하고 오래 지속되는 가격통제란 없다

지금까지 정부가 상품 가격을 자유시장에서 결정되는 수준 이상으로 고정하려는 노력의 결과를 살펴봤다. 이제 정부가 자유시장 가격 이하로 상품 가격을 유지하려는 노력의 결과를 알아보자.

이러한 시도는 전쟁 중에 거의 모든 정부에서 이뤄진다. 여기에서 전시 가격통제의 지혜를 살펴보지는 않을 것이다. 대규모 전쟁 중에 경제 전체는 반드시 국가에 의해 지배되고, 그때 고려돼야 할 여러 문제는 이 책의 주제에서 벗어난다.[6] 그러나 현명하든 그렇지 않든 전시 가격통제는 전쟁이 끝나서 그럴 이유가 사라진 후에도 오랫동안 거의 모든 국가에서 지속된다.

가격통제에 대한 압력은 주로 전시의 인플레이션 때문에 발생한다. 글을 쓰고 있는 지금, 대부분의 나라가 평화롭지만 사실상 모든 나라가 인플레이션을 경험하고 있고, 가격통제가 실시되고 있지 않을 때에도 항상 그 가능성이 암시된다. 가격통제는 파괴적이거나 혹은 경제

144

적으로 항상 해롭지만, 적어도 최소한 공무원의 관점에서는 정치적 이점이 있다. 그들은 더 높은 가격의 원인이 인플레이션을 유발하는 통화정책 때문이 아니라 경영인의 탐욕 때문이라고 넌지시 비난한다.

먼저 정부가 단일 상품 또는 소규모 상품군의 가격을 자유경쟁 시장에서 책정될 가격보다 낮게 유지하려고 할 때 어떤 일이 벌어지는지부터 살펴보자.

정부가 몇 가지 품목에 대해서만 최고가격을 정하고자 할 때는 보통 특정한 기본 필수품을 선택한다. 가난한 사람들이 필수품을 합리적인 비용으로 얻는 게 가장 중요하다고 생각하기 때문이다. 이 목적을 위해 선택된 품목이 빵, 우유, 고기라고 하자.

이 상품의 가격을 억제하자는 주장은 다음과 같이 전개될 것이다. 만일 소고기를 자유시장의 자비에 맡기면 경쟁입찰에 의해 가격이 올라가 오직 부자만이 그것을 구입할 수 있을 것이다. 사람들은 소고기를 필요가 아니라 구매력에 비례해서만 얻을 것이다. 만약 가격을 낮게 유지하면 모두가 정당한 그들의 몫을 받을 수 있다.

이 주장이 타당하다면, 여기서 가장 주목해야 할 것은 채택된 정책이 일관되지 않고 소심하다는 것이다. 만약 시장가격이 파운드당 2.25달러일 때 필요가 아니라 구매력으로 소고기 배분이 결정된다면, 파운드당 1.5달러처럼 약간 낮은 수준을 법정 최고가격으로 해도 결국은 구매력에 따라 소고기 배분이 결정될 것이다. 우리가 소고기를 얻기 위해 무엇을 지급해야 하는 한, 즉 소고기를 무료로 나눠주지 않는 한 결국에는 구매력이 배분을 결정한다.

그러나 최고가격제 계획은 대개 생활비 상승을 막기 위한 노력에서 시작된다. 그렇기에 이 계획을 지지하는 사람들은 무의식적으로 가격통제 시작 시점에 '정상적인', 또는 신성불가침한 시장가격이 있다고 가정한다. 계획을 시행할 때의 시작 가격은 적절한 가격으로 간주되며 통제가격이 정해진 이후 발생한 생산조건이나 수요조건의 변화와 관계없이 그 이상의 가격은 '비합리적'으로 간주된다.

이 주제에 대해 논할 때, 어떤 경우든 자유시장에서 결정될 가격으로 가격을 통제한다는 가정은 아무런 의미가 없다. 이는 가격통제가 전혀 없는 것과 같다. 우리는 대중이 상품의 공급보다 더 큰 구매력을 지니고 있고, 자유시장에서 결정되는 수준 이하로 정부가 가격을 억제하는 경우를 가정해야 한다.

그렇다면 다음 두 가지 결과를 초래하지 않고는 어떤 상품의 가격도 시장 수준 이하로 유지할 수 없다. 첫째는 그 상품에 대한 수요의 증가다. 상품 가격이 더 싸졌기 때문에, 사람들은 더 많이 사고 싶은 마음이 생겼고 또 더 많이 살 여유도 생겼다. 둘째는 그 상품의 공급 감소다. 사람들이 더 많이 사기 때문에, 축적된 재고는 상인들의 진열대에서 더 빨리 팔려나간다. 또한 그 상품의 생산이 줄어든다. 상품 생산에 따른 이윤 폭은 감소되거나 없어진다. 한계생산자들은 폐업한다. 아무리 효율적인 생산자라고 해도 손실을 보면서까지 제품을 생산하라고 요구할 수는 없다. 제2차 세계대전 당시 가격관리국이 도살장에 소 값, 도축 및 가공 노동비용보다 낮은 가격으로 소고기를 공급하라고 명령했을 때 이런 일이 일어났다.

그러므로 추가적인 조치를 취하지 않는 한, 특정 상품의 최고가격을 고정시키면 그 상품의 부족이 초래된다. 이는 정확히 정부 규제 당국이 원하던 것과는 정반대의 결과다. 규제 당국이 그 제품에 최고가격제를 도입한 이유는 그 제품을 가장 풍족하게 공급하기를 원했기 때문이다. 그러나 사치품을 만드는 사람들의 임금과 이익은 제한하지 않으면서 필수품을 생산하는 사람들의 임금과 이익을 상품 가격을 통제함으로써 제한한다면, 결국 사치품 생산은 상대적으로 자극하면서 필수품의 생산은 억제하는 형국이 되고 만다.

시간이 흐르면서 이러한 부정적 결과는 규제 당국자들이 보기에도 뚜렷해지기 때문에 그들은 이를 회피하기 위해 다양한 다른 장치와 규제를 채택한다. 배급, 비용통제, 보조금, 그리고 광범위한 가격통제 등이 있는데, 이에 대해 차례로 살펴보도록 하겠다.

시장가격 이하로 가격을 고정한 결과 일부 상품의 부족 현상이 발생하면 부유한 소비자들은 그들의 정당한 몫 이상을 가져가고 있다고 비난을 받는다. 만약 그것이 제조에 들어가는 원재료일 경우 개별 기업은 사재기를 한다는 비난을 받는다. 이쯤 되면 정부는 그 상품의 구매에 있어 누가 우선권을 가져야 하는지, 누구에게 얼마만큼 할당돼야 하는지, 또는 어떻게 배급돼야 하는지에 관한 일련의 규칙을 채택한다. 배급제가 도입되면 각 소비자가 아무리 돈을 더 지불할 의향이 있어도 일정한 최대 공급량만을 가져갈 수 있다는 뜻이다.

배급제 도입은 간단히 말해서, 소비자가 각자에게 주어진 보통 돈 이외에 일정량의 쿠폰이나 '포인트'를 보유해야 하는 이중가격제double price system나 이중통화제dual currency system를 정부가 채택한다는 뜻이다. 즉, 정부는 자유시장이 가격을 통해 해내는 일의 일부를 배급을 통해 해내고자 한다. 내가 여기서 일부라고 언급한 이유는 높은 가격은 수요를 억제하고 공급을 자극하지만 배급은 수요만 제한하기 때문이다.

정부는 상품의 생산원가에 대한 통제를 확대함으로써 공급을 보장하려고 할 수도 있다. 예를 들어, 소고기의 소매가격을 억제하기 위해 소고기의 도매가격, 소의 도축가격, 소의 가격, 사료의 가격, 농가의 임금을 통제할 수 있다. 우유 소매가격을 억제하기 위해 원유 배송 트럭 운전사들의 임금, 우유 용기의 가격, 목장 가격, 사료 가격을 통제하려고 할 수도 있다. 빵 값을 통제하기 위해 제빵사의 임금, 밀가루 가격, 제분업자의 이익, 밀 가격 등등을 통제할 수 있다.

정부가 가격통제 조치를 퇴보하는 방향으로 확대함에 따라 가격통제의 문제점 역시 계속해서 확대된다. 만약 정부에 비용을 통제할 수 있는 용기가 있고 그 결정을 집행할 수 있다고 가정한다면, 이는 단지 최종상품의 생산에 들어가는 다양한 요인, 즉 노동력, 사료, 밀, 또는 그 외 다른 요소의 부족을 야기할 뿐이다. 정부는 계속해서 통제를 확대해야 하는 악순환으로 내몰리고, 최종적으로는 보편적이고 광범위한 가격통제라는 결과를 실행해야 할 것이다.

정부는 보조금을 통해 이 난관을 극복하려 할 수도 있다. 예를 들어, 우유나 버터 가격을 시장 수준 이하 또는 다른 상품의 상대적 수준 이하로 유지하려 하면, 우유나 버터를 생산하는 사람들의 낮은 임금이나 이윤 때문에 상품 부족이 초래될 수 있다는 것을 인식하는 것이다. 그러므로 정부는 우유와 버터 생산업자에게 보조금을 지급함으로써 손해를 보상하려고 한다. 이와 관련된 행정상의 어려움은 차치하고 보조금이 우유와 버터의 상대적 생산을 보장하기에 충분하다고 가정한다면, 보조금이 비록 생산자에게 지급되기는 하지만 실제로 보조금을 받고 있는 사람은 소비자라는 사실은 분명하다. 생산자들은 애초에 자유시장 가격을 부과할 수 있을 때와 동일한 양의 우유와 버터를 생산하지만, 소비자는 그들의 우유와 버터를 자유시장 가격보다 훨씬 싸게 얻는다. 소비자는 그 차이만큼, 즉 원칙상 생산자에게 지급되는 보조금의 양만큼 보조금을 받는 셈이다.

그런데 보조금을 지원하는 상품이 배급 형식으로 공급되지 않는 한, 그 상품의 대부분은 구매력이 가장 큰 사람들에게 판매된다. 구매력이 큰 사람이 구매력이 떨어지는 사람보다 더 많은 보조금을 받고 있다는 뜻이다. 누가 소비자에게 보조금을 지급하느냐는 조세의 발생률 incidence of taxation에 달려 있다. 그러나 납세자는 소비자 역할을 하는 자기 자신에게 보조금을 지급한다. 이 복잡한 미로에서 누가 누구에게 보조금을 지급하는지 정확히 추적하기란 조금 어렵다. 다만 보조금이 누군가에 의해 지급되고 사회가 무상으로 뭔가를 얻는 방법은 발견되지 않았다는 점이 잊힐 뿐이다.

가격통제는 종종 단기간에는 성공적으로 보일 수 있다. 특히 애국심과 위기감의 지지를 받는 전시에는 한동안 잘 작동하는 것처럼 보일 수 있다. 그러나 사실상 가격통제가 길어질수록 어려움이 더 커진다. 정부의 강요로 물가가 임의로 억제되면 만성적으로 수요가 공급을 초과한다. 만약 정부가 생산에 들어가는 노동력, 원자재, 그리고 다른 요소의 가격을 낮춤으로써 상품의 공급 부족을 방지하려고 하면 생산요소들까지도 차례로 부족해진다는 사실을 이미 살펴봤다. 그럼에도 정부가 이 과정을 추구한다면, 가격통제를 점점 더 아래로 또는 수직적으로 확대할 필요가 있을 뿐만 아니라, 수평적으로도 확장해야 한다는 것을 깨달을 것이다. 만약 정부가 하나의 상품을 배급하고 대중이 그것을 충분히 얻을 수 없다면, 구매력이 충분하기 때문에 대체품으로 수요가 옮겨갈 것이다. 다시 말해, 특정 상품을 배급하면 배급제가 아닌 상품은 점점 더 가격 상승 압력을 받게 된다. 암시장을 막기 위한 정부의 노력이 성공했다고 가정한다면(또는 적어도 정부가 정한 법정 가격을 무효화하기에 충분한 규모로 암시장이 발전하는 것을 막는 데 성공했다고 가정하면), 지속적인 가격통제는 점점 더 많은 상품을 배급제로 몰고 간다. 배급제로는 소비자의 수요를 멈출 수 없다. 제2차 세계대전 중 배급제는 소비자의 수요를 막지 못했다. 배급제는 가장 먼저 생산자들에게 원자재를 할당하는 데 적용됐다.

어떤 주어진 가격 수준을 영구화하려는 철저한 가격통제의 자연적 결과는 궁극적으로 완전히 통제된 경제임에 틀림없다.

임금은 가격만큼 엄격하게 억제돼야 할 것이다. 노동자는 원자재만큼 무자비하게 배급돼야 할 것이다. 정부는 최종적으로 각 소비자에게 그가 얼마나 많은 상품을 가질 수 있는지를 정확하게 알려줘야 할 뿐만 아니라 각 제조자에게 그들이 얼마나 많은 원자재와 노동력을 배급받을 수 있는지를 정확하게 알려줘야 한다. 재료뿐만 아니라 노동자에 대한 경쟁입찰도 허용되지 않는다. 그 결과 모든 기업체와 모든 노동자가 정부에 의해 좌우되고, 우리가 알고 있는 모든 전통적 자유를 최종적으로 포기하는 경직된 전체주의 경제로 귀결될 것이다. 알렉산더 해밀턴Alexander Hamilton이 거의 2세기 전 〈연방주의자 보고서Federalist paper〉에서 지적했듯이, "사람의 생존에 대한 지배력은 그의 의지에 대한 지배력과 같다."

ıll

이는 '완벽하고 오래 지속되며 비정치적인' 가격통제라고 묘사될 수 있는 정책의 결과이다. 제2차 세계대전 중 그리고 그 이후 유럽의 여러 나라에서 충분히 입증됐듯 관료들의 수많은 황당한 실수 중 일부는 암시장에 의해 완화됐다. 몇몇 국가에서는 합법적으로 인정된 고정가격 시장을 훼손하면서 암시장이 계속 성장했고 마침내는 사실상 시장이 됐다. 그러나 권력을 잡고 있는 정치인들은 명목상으로라도 가격상한선을 유지함으로써, 행정 집행부는 그렇지 않다 해도 자신들의 마음은 올바른 곳에 있다는 걸 보여주려 했다.

그러나 암시장이 마침내 합법적인 가격상한제 시장을 대체했기 때문에, 어떠한 해악도 끼치지 않았다고 생각해서는 안 된다. 그것은 경제적으로도, 도덕적으로 해악이었다. 막대한 자본투자와 공공선의 유지에 크게 의존하는 거대하고 오래된 기업들은 과도기 동안 생산을 제한하거나 중단해야 했다. 그들의 자리는 자본이 거의 없고 생산 경험이 축적되지 않은 믿을 수 없는 회사들 차지로 돌아갔다.

이 새로운 회사들은 그들이 대체한 이전 회사들에 비해 비효율적이다. 이 회사들은 기존 회사들이 기존 상품을 계속해서 생산하는 데 필요한 것보다 훨씬 높은 생산비용으로 열등하고 부정직한 상품을 만들어낸다. 정직하지 않을수록 그들에게 이득이 되기 때문이다. 법을 기꺼이 위반할 용의가 있다는 사실이 그 새로운 기업이 존재하고 성장하는 이유다. 그들의 고객들은 그들과 공모하고, 자연스러운 결과로 부도덕이 모든 사업 관행에 퍼져나간다.

게다가 가격통제를 담당하는 당국자들은 처음 가격통제 노력이 시작됐을 때의 가격 수준을 유지하기 위해 정직한 노력을 지속하지 않는다. 그들은 자신들의 의도가 '현상유지'라고 선언하지만, 이내 불평을 바로잡는다거나 사회적 부정을 수정하기 위해서라는 미명 아래 정치적으로 가장 영향력 있는 집단에 가장 많은 것을 주고 다른 집단에는 가장 조금 주는 차별적인 가격통제에 착수한다.

오늘날 정치권력은 일반적으로 투표로 측정되기 때문에, 당국은 노동자와 농부 집단에 가장 자주 호의를 보인다. 처음에는 임금과 생활비가 서로 연관돼 있지 않고, 물가상승을 유발하지 않고도 임금을 쉽게 인상할 수 있다고 주장한다. 이윤을 희생해야만 임금을 올릴 수 있다는 것이 나중에 명백해지면, 관료들은 어쨌든 이윤이 이미 너무 높았기 때문에 임금을 올리고 판매가격 상승을 억제해도 여전히 공정한 이익이 허용될 것이라고 주장하기 시작한다. 이익은 각 사업마다 다르기 때문에 획일적인 이익률은 존재하지 않는다. 이 정책은 수익성이 가장 낮은 업종이 모두 사라지고 특정 품목의 생산을 억제하거나 중단시키는 결과를 낳는다. 이는 곧 실업, 생산량 축소, 생활수준의 저하를 의미한다.

∎∎∎

최고가격을 통제하기 위한 모든 노력의 근간에는 무엇이 있는가? 먼저 무엇이 물가상승을 초래했는지에 대한 오해가 있다. 진짜 원인은 상품의 부족이나 돈의 과잉이다. 법정 가격상한선은 양쪽 모두 고칠 수 없다. 방금 살펴본 것처럼 그저 상품 부족을 심화시킬 뿐이다. 돈의 잉여에 어떻게 대처해야 하는지에 대해서는 이어지는 다른 장에서 논의할 것이다.

가격통제 추진의 배후에 있는 오류 중 하나는 이 책의 주요 주제이기도 하다. 특정 물품의 가격을 올리려는 끝없는 계획이 관계된 생산자의 이익만을 생각하고 소비자의 이익은 잊어버린 결과인 것처럼, 법률적인 칙령으로 가격을 억제하고자 하는 계획은 소비자의 단기 이익만을 생각하고 생산자의 이익을 잊어버린 결과다. 대중은 자기 마음속에 존재하는 비슷한 혼란 때문에 이 정책을 정치적으로 지지한다. 사람들은 자신이 소비자도 될 수 있고 생산자도 될 수 있다는 사실을 쉽게 잊는다. 사람들은 우유, 버터, 신발, 가구, 임대료, 극장표 또는 다이아몬드에 더 많은 돈을 지불하고 싶어 하지 않는다. 이 물건 중 어느 것 하나라도 가격이 이전 수준을 넘어서면 소비자는 분개하고 사기를 당하고 있다고 느낀다.

유일한 예외가 있다면 그가 직접 만든 상품이다. 그는 이 상품의 가격 상승 이유를 이해하고 인정한다. 그는 자기 사업은 항상 어떤 면에서 예외로 여기며 이렇게 말한다. '내 사업이 특별해서 대중은 이해하지 못한다. 인건비가 올랐고 원자재 가격이 올랐으며, 어떤 원자재는 더 이상 수입되지 않아 국내에서 더 높은 비용으로 생산돼야 한다. 게다가 제품에 대한 수요가 증가했고, 기업은 이러한 수요를 충족시키기 위해 공급 확장을 장려하는 더 높은 가격을 부과할 수 있어야 한다.' 사람들은 소비자로서 100여 가지의 다른 제품을 구입하지만, 생산자로서는 보통 한 가지만을 만든다. 그는 자신이 생산하는 제품의 가격을 억제하는 것이 불공평하다고 생각할 수 있다. 그리고 각각의 제조업자가 자신의 제품이 더 높은 가격을 받기를 원하듯 각각의 노동자는 더 높은 임금을 원한다. 모든 사람이 가격통제가 생산을 제한하고 있다는 것을 자기 분야에서는 이해할 수 있다. 그러나 거의 모두가 이 사실을 일반화하기를 거부한다. 그가 다른 사람들의 제품에 더 많은 돈을 지불해야 한다는 의미이기 때문이다.

우리 모두는 다양한 경제적 역할을 수행한다. 우리는 생산자, 납세자, 소비자이다. 그가 옹호하는 정책은 현재 자신이 처해 있는 특정한 측면에 달려 있다. 왜냐하면 그는 때로는 지킬 박사이고 때로는 하이드 이기 때문이다. 생산자로서 그는 (주로 자신의 서비스나 제품을 생각하면서) 인플레이션을 원하고, 소비자로서 그는 (다른 생산물에 지급해야 하는 것만 생각하며) 가격상한제를 원한다. 그는 소비자로서 보조금을 옹호하거나 묵인할 수 있다. 납세자로서의 그는 보조금 지급을 원망할 것이다. 각 개인은 정치적 세력을 움직여서 자기 제품의 가격 상승(자신의 제품에 사용되는 원재료의 가격인상은 억제하면서)을 이루는 동시에 소비자로서 다른 제품의 가격통제에서 이익을 얻을 수 있다고 생각할 것이다. 그러나 압도적 다수는 자신을 속이고 있는 것이다. 왜냐하면 정치적으로 가격을 통제해서 이익을 얻는다면 그만큼의 손실이 있어야 하며, 가격통제로 고용과 생산이 저하되고 방해를 받기 때문에 이익보다 훨씬 더 많은 손실이 발생하기 때문이다.

규제가 엄격할수록
파괴적 효과가 초래된다

주택 및 아파트 임대료에 대한 정부의 규제는 특별한 형태의 가격통제이다. 그 결과의 대부분은 가격통제의 일반적 결과와 실질적으로 동일하지만, 몇몇 사항에는 특별한 고려가 필요하다.

임대료 규제는 일반적인 가격통제의 일부로 시행되기도 하지만, 흔히 특별법으로 규제된다. 임대료 규제는 전쟁이 시작되는 시기에 빈번하게 시행된다. 작은 마을에 군 초소가 세워지고, 하숙집은 방세를 올리며, 아파트와 주택 소유자들은 집세를 인상한다. 이러한 사실은 공분을 산다. 또는 어떤 마을의 집들이 실제로 폭탄에 파괴됐을 수도 있고, 병기나 다른 보급품의 필요성은 건축 시장에서 자재와 노동력을 빼앗아간다.

임대료 규제는 처음에는 주택 공급이 탄력적이 아니라는 주장, 즉 아무리 임대료를 높이 올려도 즉각적으로 주택 공급이 늘어날 수 없다는 주장에 따라 시행됐다. 그러므로 정부는 임대료 인상을 금지함으로써 집주인에게 실질적인 해를 끼치지 않고, 신규 건설을 저해하지 않으면서 세입자들을 강탈과 착취로부터 보호해야 한다고 주장한다.

임대료 통제가 오래 지속되지 않는다고 가정해도 이 주장에는 결함이 있다. 이 주장은 단기적인 결과를 간과하고 있다. 만약 통화팽창과 수요 및 공급의 실제 조건을 반영해서 집주인의 임대료 인상이 허용된다면, 개인 세입자들은 공간을 조금 덜 차지함으로써 임대료를 절약할 것이다. 사람들은 부족한 숙박시설을 공유할 것이다. 부족함이 해소될 때까지 동일한 양의 주택이 더 많은 사람을 수용할 것이다.

임대료 규제는 공간의 낭비를 조장한다. 그것은 특정 도시나 지역에 주택이나 아파트를 이미 임대, 점유하고 있는 사람들을 우대하고 그 외의 사람들을 희생시키는 차별을 한다. 임대료를 자유시장 가격 수준으로 올리는 것을 허용하면 모든 세입자나 입주 예정자는 임대 공간에 입찰할 수 있는 동등한 기회를 얻을 수 있다. 그러나 통화가 팽창되거나 실제 주택이 부족한 상황에서 집주인이 임대료를 결정할 수 없고 단지 세입자들만 경쟁입찰에 응할 수 있다면 임대료는 확실히 오를 것이다.

임대료 규제가 오래 지속될수록 임대료 규제의 효과는 더욱 악화된다. 새로운 주택을 건설할 동기가 없기 때문에 새집은 만들어지지 않는다. (보통은 인플레이션의 결과로) 상승하는 건축비 때문에 오래전에 규제된 임대료로는 이익을 내지 못한다. 흔히 있는 일이지만 만약 정부가 이러한 사실을 마침내 인정하고 새 주택에 대한 임대료 규제를 면제해준다 해도 오래된 건물까지 규제에서 면제해준 것만큼 효과적이지 못하다. 이전에 임대료가 법적으로 동결됐기 때문에 새 건물에 대한 임대료는 화폐가치 하락 정도를 고려하여 기존의 동등한 공간에 비해 열 배 내지 스무 배쯤 높을 수 있다. (이는 제2차 세계대전 이후 프랑스에서 실제로 일어난 일이다.) 그러한 조건하에서, 오래된 건물에 있는 기존 세입자는 그들의 가족 수가 아무리 많이 늘어나거나 살고 있는 집이 낡아도 이사가 내키지 않을 것이다.

이미 오래된 건물에 살고 있는 세입자들은 임대료 인상으로부터 법적으로 보호를 받고 있기 때문에 그의 가족 수가 줄든 말든 공간을 낭비하며 사용하도록 권장된다. 이것은 상대적으로 적은 수의 새 건물에 새로운 수요를 즉각적으로 집중시키는 압력으로 작용한다. 이로써 새 건물에 대한 임대료는 보통 완전히 자유로운 시장에서 결정되는 것보다 더 높은 수준으로 치솟는다.

그럼에도 이러한 상황이 새로운 주택의 건설을 장려하지 않을 것이다. 기존 아파트의 건설업자나 소유주는 기존 아파트에서 얻는 수익이 제한되거나 심지어 손실을 보기도 하기 때문에 새로운 건설에 투자할 자본이 부족하거나 혹은 아예 없을 수 있다. 게다가 다른 출처에서 자본을 조달할 여유가 있는 사람들은 정부가 언제든 새 건물에도 임대료를 규제할 구실을 찾을지 모른다고 우려할 수 있다. 그리고 실제로 그런 일은 종종 발생한다.

주택 상황은 다른 방식으로 악화될 것이다. 적절한 임대료 인상이 허락되지 않는 한, 집주인은 아파트를 리모델링하거나 개선하는 어려움을 기꺼이 택하지 않으리라는 것이 가장 중요하다. 임대료가 특히 비현실적이거나 엄격하게 제한되는 경우 집주인은 임대주택이나 아파트에 필요한 최소한의 수리조차 하지 않을 것이다. 그렇게 할 경제적 동기가 없을 뿐만 아니라, 심지어 그럴 만한 자금이 없을 수도 있다. 임대료 규제법은 최소한의 수익이나 심지어 손실을 감수해야 하는 임대인들과 적절한 수리를 해주지 않는 데 분개한 세입자들 간에 악감정을 불러일으킨다.

단지 정치적 압력이나 혼란스러운 경제적 사고로 시작된 임대료 규제의 다음 단계는 보통 저급 또는 중급 아파트에 대한 임대료 규제는 유지하면서 고급 아파트에 대한 규제는 해제하는 것이다. 부유한 세입자는 더 높은 집세를 지불할 수 있지만 가난한 사람들은 그럴 수 없다는 주장이다.

그러나 이 차별적 계획의 장기적인 효과는 옹호자들의 의도와는 정반대로 나타난다. 고급 아파트 건설업자와 소유주들은 격려와 보상을 받는 반면, 보상이 더 많이 필요한 저소득층 임대주택의 건설업자와 소유주는 낙담하고 불이익을 당한다. 전자는 수요와 공급의 조건이 보장하는 만큼 자유롭게 큰 이익을 낼 수 있지만, 후자는 저소득층 주택을 더 짓기 위한 유인(또는 자본)을 얻지 못한 채 뒤처진다.

그 결과 고급 아파트의 수리 및 리모델링은 비교적 장려되고, 새로운 개인 건물이 고급 아파트로 전환되는 경향이 나타난다. 그러나 새로운 저소득층 주택을 건설하거나 기존의 저소득층 주택을 양호한 상태로 수리하기 위한 유인은 없다. 따라서 저소득층 주택은 양적인 증가를 하지 않을 뿐만 아니라 질적인 상태 역시 계속해서 악화될 것이다. 인구가 증가하고 있는 곳에서 저소득층 주택의 악화와 부족은 점점 더 심해질 것이다. 그리하여 많은 집주인이 이익을 얻지 못할 뿐만 아니라 경우에 따라서는 강제적 손실이 늘어나는 지경에 이를지도 모른다. 그들은 심지어 자신의 재산을 처분할 방법이 없다는 사실을 깨달을 수도 있다. 실제로 그들이 재산을 버리고 사라져버릴 수도 있기 때문에 세금조차 걷을 수 없게 된다. 집주인이 난방과 기타 기본적인 서비스의 공급을 중단할 때, 세입자는 그들의 아파트를 포기하지 않을 수 없다. 계속해서 더 넓은 지역이 빈민가로 전락한다. 최근 몇 년 동안 뉴욕 시에서는 창문이 깨져 있거나, 공공기물을 파손하는 자들로부터 더 이상 피해를 보지 않기 위해 아예 창문을 판자로 막아버린 버려진 아파트를 모든 지역에서 흔히 볼 수 있게 됐다. 방화가 점점 더 자주 일어나고 이에 대해 소유주가 의심을 받는다.

재산 가치에 바탕을 둔 세금이 계속해서 축소됨에 따라 도시 세입이 줄어드는 영향도 나타난다. 도시는 파산하거나 기본적인 서비스를 계속 제공할 수 없게 된다.

이러한 여러 결과가 너무 뚜렷하게 눈에 띄어도 임대료 규제자들은 자신들의 실수를 인정하지 않는다. 대신 그들은 자본주의 체제를 비난한다. 그들은 '민간기업이 또 실패했다'고 주장한다. 민간기업은 일을 제대로 할 수 없으므로 국가가 개입해서 임대주택을 건설해야 한다고 주장한다.

이러한 결과는 제2차 세계대전에 참전하거나 통화팽창을 상쇄하기 위해 임대료를 통제한 모든 나라에서 거의 보편적으로 발생했다.

그래서 정부는 납세자들의 비용으로 거대한 주택 건설 프로그램을 시작했다. 주택들은 건축비와 관리비를 상환하지 못하는 요율로 임대된다. 이 프로그램은 전형적으로 정부가 낮은 임대료를 통해 세입자를 직접 보조하거나 주택 건설업자 혹은 관리인에게 보조금을 지급하는 형식으로 이뤄진다. 어떤 형식을 취하든 간에 건물 세입자는 나머지 다른 모든 사람들에게 보조금을 받고, 다른 모든 사람이 집세의 일부를 지불하고 있는 셈이다. 세입자는 혜택을 받기 위해 선발된다. 이런 편파적인 정책은 정치적으로 이용될 가능성이 너무나 명백해서 더 강조할 필요조차 없다. 납세자들로부터 보조금을 받는 것이 그들의 권리라고 믿는 압력단체가 결성되고, 거의 돌이킬 수 없는 또 다른 조치가 전체 복지국가로 나아가기 위해 취해진다.

임대료 규제의 마지막 아이러니는, 그것이 비현실적이고 엄격하고 부당할수록 지속을 위한 정치적 주장이 더 격렬해진다는 것이다. 법적으로 규제된 임대료가 자유시장 임대료 평균의 95%에 달하고 집주인에게 사소한 불평등만 부가됐다면, 임대료 규제가 해제되더라도 세입자는 평균적으로 약 5%의 임대료 인상만 감당하면 되기 때문에 이에 대해 정치적으로 강력하게 반대하지는 않을 것이다. 그러나 만약 통화 인플레이션 폭이 너무 컸거나 임대료 규제가 너무 억압적이고 비현실적이어서 법적으로 규제된 임대료가 자유시장 임대료의 10%에 불과하고 소유주에게 엄청난 불평등이 행해지고 있다면, 임대료 규제를 없애고 세입자에게 경제적 임대료를 지불토록 하는 데 격렬한 저항이 제기될 것이다. 세입자에게 갑작스레 그렇게 엄청난 액수의 임대료를 지불하라는 요구는 말할 수 없을 정도로 잔인하고 불합리하다고 주장할 것이다.

심지어 임대료 규제를 반대하는 사람조차 규제 해제는 매우 신중하고 점진적이며 장기적인 과정이어야 한다고 인정하는 경향이 있다. 그러나 그 가운데 이러한 점진적인 규제 완화를 요구하는 정치적 용기와 경제적 통찰력을 가진 사람은 거의 없다. 요컨대 임대료 규제가 비현실적이고 부당할수록 이를 없애기가 정치적으로 더 어렵다. 나라마다 다른 형태로 실시된 가격통제가 폐지된 이후에도 망가져버린 임대료 통제는 몇 년 동안이나 유지돼왔다.

임대료 규제를 유지하기 위한 정치적 변명은 신빙성이 없다. 법은 때때로 공실률이 특정 수치 이상일 때는 규제를 해제할 수 있도록 규정하고 있다. 임대료 규제의 유지를 주장하는 관료들은 공실률이 아직 그 수치에 이르지 못했음을 계속해서 의기양양하게 지적하지만, 사실은 그렇지 않다. 법정 임대료가 시장 임대료보다 훨씬 낮게 유지되고 있다는 사실만으로도 공급의 증가를 억제하는 동시에 임대 공간에 대한 수요를 인위적으로 증가시킨다. 따라서 터무니없이 낮은 임대료 상한제가 실시될수록 임대주택이나 아파트의 '부족'이 계속되리라는 것은 확실하다.

집주인에게 가해지는 부당함은 비난받아 마땅하다. 종종 집주인은 엄청난 손실을 보면서 세입자들이 지불하는 임대료를 보조하도록 강요받는다. 따라서 보조금을 받는 세입자는 종종 그의 시장 임대료 중 일부를 강제로 떠맡게 된 집주인보다 더 부유할 수도 있다. 정치인들은 이를 무시한다. 세입자들만 보면 심장이 멎는 슬픔을 느끼면서 임대료 규제 유지에 찬성하는 다른 사업 종사자들조차 세금으로 세입자 보조금의 일부를 자신이 부담하겠다는 제안은 하지 않는다. 이 모든 부담은 오로지 임대주택을 건설하거나 소유할 정도로 악랄한 특정 부류의 사람들에게 전부 지워진다.

'빈민가의 악덕 집주인'이라는 말보다 더 심한 욕설은 없다. 그런데 빈민가 집주인은 누구인가? 그는 고급 주택가에 비싼 부동산을 소유한 사람이 아니라, 임대료가 가장 낮고 임대료 지불도 불확실하고 불규칙한 빈민가에 있는 싸구려 부동산만 소유하고 있는 사람이다. 괜찮은 임대주택을 소유할 수 있는 사람이 빈민가 집주인이 되겠다고 결심할 이유가 어디 있겠는가.

예를 들어 빵처럼 즉시 소비되는 제품에 불합리한 가격통제가 가해지면, 제빵사는 계속해서 빵을 굽고 팔기를 거부할 수 있다. 그 즉시 공급 부족이 명백해지고 정치인은 최고가격을 올리거나 가격통제를 폐지할 것이다. 그러나 주택은 내구성이 매우 크다. 새 건물이 건축되지 않고 통상적인 유지와 보수를 하지 않은 결과를 세입자가 느끼기까지 몇 년이 걸릴지도 모른다. 주택의 희소성과 질적 악화가 임대료 규제의 직접적인 결과라는 것을 깨닫기까지는 훨씬 더 오래 걸릴지도 모른다. 한편, 집주인이 세금과 주택담보 대출이자를 상회하는 임대료 수입을 얻는 한 그들에게는 부동산을 계속 보유 및 임대하는 것 이외에는 대안이 없는 듯하다. 세입자가 집주인보다 더 많은 표를 갖고 있다는 것을 기억하는 정치인들은 일반적인 가격규제를 포기한 지 한참이 지난 후에도 임대료 규제를 지속한다.

그렇기에 우리는 우리의 기본 주제로 다시 돌아온다. 임대료 규제에 대한 압력은 전체 국민 중 한 집단에게 부여되는 가상의 단기적 혜택만을 고려하는 사람들에게서 나온다. 그러나 세입자를 포함해서 모든 사람에게 미치는 장기적인 영향을 고려한다면, 임대료 규제는 더욱더 쓸모없을뿐더러 엄격할수록 파괴적이고 그 효과가 오래간다는 것을 알 수 있다.

최저임금법을 강화할수록 악영향이 커진다

우리는 이미 지원 상품의 가격을 인상하려는 정부의 임의적인 노력이 가져오는 몇몇 해로운 결과를 살펴봤다. 최저임금법을 통한 임금인상 노력에도 같은 종류의 해로운 결과가 뒤따른다. 임금은 사실상 가격이기 때문에 별로 놀랄 일이 아니다. 노동의 서비스 가격이 다른 재화 가격과는 완전히 다른 이름으로 불려야 한다는 사실은 명확한 경제적 사고에 악영향을 준다. 이름의 차이가 대부분의 사람들로 하여금 가격과 임금 두 가지 모두를 같은 원칙이 지배한다는 사실을 인식하지 못하게 방해한다.

임금과 관련된 생각은 감정적이고 정치적으로 편향돼 있어서 대부분의 논의에서 가장 평범한 원칙조차 무시되곤 한다. 인위적으로 가격을 인상함으로써 번영을 가져올 수 있다는 생각을 가장 먼저 부정하는 사람과 최저가격법이 그것이 원래 돕고자 했던 바로 그 산업에 가장 해로울 수 있음을 가장 먼저 지적하는 사람조차도 최저임금법은 옹호하고 반대자들을 비난할 것이다.

그러나 최저임금법은 기껏해야 저임금의 해악에 맞서기 위한 제한적 무기일 뿐이다. 그러한 법으로 성취할 수 있는 이득은, 오로지 그 목표가 미미할 때에만 그에 비례해서 해악을 덜 받을 수 있다는 것임을 분명히 해야 한다. 최저임금법이 야심적일수록 보호하려는 노동자 수가 늘어나고, 임금을 인상하려 할수록 좋은 효과를 넘어서는 해로운 영향이 더욱 확실해진다.

예를 들어 주간 40시간 노동에 106달러 이상의 급여를 지급해야 한다는 법이 통과되면, 가장 먼저 고용주에게 주당 106달러 이상의 가치가 없는 사람은 아예 고용되지 않는 일이 벌어진다. 노동자에게 낮은 임금을 지급하는 것을 불법화한다고 해도 그 노동자를 더 높은 가치를 지닌 사람으로 만들 수는 없다. 이 법은 그가 자신의 능력과 상황에 근거해 일을 하고 돈을 벌 수 있는 권리를 박탈할 뿐이며, 그가 제공할 수 있는 적당한 서비스로 사회에 기여할 수 없게 만들 뿐이다. 간단히 말해, 그 노동자는 낮은 임금을 받는 대신 실업자가 된다. 이 법은 모든 곳에 피해를 입히지만 그에 상응하는 보상은 하지 않는다.

유일한 예외는 한 무리의 노동자가 실제로 시장가치보다 낮은 임금을 받을 때 발생한다. 이런 일은 경쟁의 힘이 자유롭고 적절하게 운영되지 않는 특수한 상황이나 지역에서만 드물게 일어날 가능성이 있는데, 이 특수 사례는 거의 모두 노동조합에 의해 좀 더 효과적이고 유연하며 잠재적 손해를 훨씬 덜 끼치면서 해결될 수 있다.

만약 법이 특정 산업의 노동자에게 더 높은 임금을 지불하도록 강요한다면, 그 산업은 그 제품에 더 높은 가격을 부과하기 때문에 더 높은 임금을 지불하는 부담이 소비자에게만 전가된다고 생각할 수 있다. 그러나 이런 비용 전가는 쉽게 이뤄지지 않으며 인위적인 임금인상의 결과도 그런 식으로 쉽게 사라지지 않는다. 제품 가격을 더 높이기 어려울 수도 있다. 소비자가 동등한 수입 제품이나 일부 대체 제품을 구입하게 하는 결과만 낳을 수 있기 때문이다. 혹은 소비자가 임금이 인상된 업계의 제품을 계속 구매한다 해도, 가격이 오르면 그 제품을 덜 살 수밖에 없다. 따라서 업계의 일부 노동자는 높은 임금으로 혜택을 얻겠지만, 다른 노동자는 아예 해고된다. 반면, 제품 가격이 오르지 않는다면 그 산업의 한계생산자는 사업을 접을 것이다. 그에 따라 생산 감소와 실업이 그 방식만 바꿔 발생할 것이다.

이런 결과가 지적되면 "잘된 일이다. 만약 특정 산업이 기아임금 starvation wages(입에 풀칠도 안 되는 박봉_옮긴이)을 지불하지 않고는 존재할 수 없다는 게 사실이라면, 최저임금이 그 산업을 아예 사라지게 하는 것도 괜찮다"라고 말하는 사람들이 있다. 그러나 이 용감한 발언은 현실을 간과하고 있다. 무엇보다도 그 제품이 사라짐으로써 소비자가 손실을 겪으리라는 것을 간과하고 있다. 둘째, 그것은 단지 그 산업에서 실직한 사람을 규탄하는 것임을 잊는다. 그리고 마지막으로 그 견해는 그 산업에서 지급된 임금이 낮다 해도 그 일에 종사하는 노동자에게 제공됐던 모든 대안 중 그것이 그나마 최고였다는 사실을 무시한다. 만약 다른 선택지가 있었다면 노동자는 이미 다른 산업으로 옮겨갔을 것이다. 따라서 만약 특정 산업이 최저임금법 때문에 사라지게 된다면, 그 산업에 종사했던 노동자들은 애초에 그들에게 덜 매력적으로 보였을 다른 산업으로 눈을 돌릴 수밖에 없을 것이다. 그리고 그들이 일자리 경쟁에 뛰어들면서 대체 직업의 임금이 떨어질 것이다. 최저임금이 실업률을 증가시킨다는 결론에서 벗어날 길이 없다.

ııl

게다가 최저임금법 때문에 야기된 실업 문제를 해결하기 위한 구제 프로그램에 의해 또 다른 문제가 제기될 것이다. 예를 들어 시간당 2.65달러를 최저임금으로 정해서, 주당 40시간 노동에 106달러 미만을 지급하는 것을 금지했다고 하자. 그리고 정부는 일주일에 70달러의 구제금만 제공한다고 가정하자. 이는 70달러의 구제금을 지급하려고, 이를테면 해당 노동자가 90달러의 유용한 일을 하지 못하게 막는 것과 마찬가지다. 그가 사회에 제공할 수 있는 노동 서비스의 가치를 빼앗은 것이다. 비록 낮은 수준의 임금이지만 스스로 원하는 일을 하며 자립해서 살아가는 데서 오는 독립심과 자존심을 박탈했고, 동시에 그 사람이 스스로의 노력으로 받아낼 수 있는 금액을 낮추었다.

이러한 결과는 주당 구호금이 106달러에서 1페니만 적어도 계속해서 이어진다. 하지만 구호금을 그보다 높이면 다른 면에서는 상황이 더욱 악화된다. 만약 우리가 구제금으로 106달러를 제안한다면, 이는 일하지 않는 사람에게도 일한 만큼 돈을 제공하는 셈이 된다. 더구나 구제를 위해 제공하는 금액이 얼마든, 이는 모든 사람이 임금과 구호금액의 차이만큼만 벌려고 일하는 상황을 만들어낸다. 예를 들어, 구호금이 주당 106달러라면 주당 110달러의 급여를 받는 노동자는 사실상 주당 4달러를 벌기 위해서 일하라는 요구를 받는 셈이다. 왜냐하면 그 나머지는 아무것도 하지 않아도 얻을 수 있기 때문이다.

'가정구호home relief' 대신 '실업구제work relief'를 제공함으로써 이러한 결과를 피할 수 있다고 생각할 수도 있겠다. 하지만 이는 그저 결과의 성격을 바꿀 뿐이다. 실업구제는 우리가 수혜자에게 그들의 노력에 대한 대가보다 더 많은 돈을 지불하는 것을 의미한다. 그러므로 구호금의 일부만 그들이 기울이는 노력의 대가이며, 나머지는 위장된 실업수당이다.

정부가 실업자를 위해 만들어낸 직업은 비효율적이고 효용성이 의심된다는 점을 지적할 필요가 있다. 정부는 가장 덜 숙련된 사람들을 고용할 프로젝트를 개발해야 한다. 기존의 기술자와 경쟁하고 기존 노조의 반감을 불러일으킬까 봐 사람들에게 목공, 석공 등을 가르칠 수가 없다. 그리 추천할 만한 방법은 아니지만, 만약 정부가 처음부터 한계노동자의 임금을 솔직하게 보조해준다면 아마도 모든 면에서 덜 해로울 것이다. 그러나 그것은 그 자체로 정치적 골칫거리를 야기할 것이다.[7]

이 문제를 더 깊이 파고들면 그 즉시 우리의 주제에서 벗어날 테니 이쯤에서 멈추기로 하겠다. 그러나 최저임금법의 채택이나 이미 확정된 최저임금의 인상을 고려할 때에는 구제 프로그램의 어려움과 결과를 명심해야 한다.

이 주제를 끝내기 전에, 법정 최저임금률을 정하고자 할 때 때때로 제기되는 다른 주장에 대해 언급해야 할 것 같다. 바로 한 대기업이 독점을 누리는 산업에서는 경쟁을 두려워할 필요가 없기 때문에 시장임금 이하를 제공할 수도 있다는 주장이다. 이는 매우 있을 법하지 않은 상황이다. 이런 독점기업은 다른 산업계의 노동력을 끌어들이기 위해 설립 초창기에 높은 임금을 제시한다. 그 이후에는 이론적으로 다른 산업들만큼 임금률을 인상하지 못할 수 있고, 따라서 특정 전문기술에 대해 '기준 이하'의 임금을 지급할 수도 있다. 그러나 이러한 상황은 그 산업(또는 회사)이 병들거나 위축됐을 때에만 일어날 가능성이 높고, 번창하거나 확장되고 있다면 노동력을 늘리기 위해 계속해서 높은 임금을 제시해야 할 것이다.

우리는 경험상 독점 때문에 자주 비난을 받는 대기업이 가장 높은 임금을 지급하고 가장 매력적인 근무조건을 제공한다는 것을 안다. 가장 낮은 임금을 제공하는 것은 아마도 과도한 경쟁으로 고통받는 작은 한계기업일 것이다. 그러나 모든 고용주는 노동자를 유지하거나 유인할 수 있을 만큼 충분한 임금을 지불해야 한다.

∎∎

지금까지 임금을 인상할 방법이 없다고 주장한 것은 아니다. 단지 정부의 명령으로 임금을 인상하는 것이 언뜻 쉬워 보이지만 잘못된 방법이고 최악의 방법이라는 것을 지적하고자 한 것이다.

이쯤에서 많은 개혁가와 그들의 제안을 받아들일 수 없는 사람을 구별하는 것이 좋을 것 같다. 개혁가가 후자보다 더 자비롭다고 하기보다는 더 초초해한다고 보는 편이 맞다. 문제는 모든 사람을 가능한 더 잘살게 하는 것을 바라는가 그렇지 않은가 하는 것이 아니다. 선의를 가진 사람에게 이러한 목표는 당연하게 여겨질 수 있다. 그러나 진짜 질문은 그것을 달성하기 위한 적절한 수단과 관련이 있다. 그리고 이 질문에 대답하려면 결코 몇 가지 기본적인 이치를 놓쳐서는 안 된다. 우리는 만들어낸 것보다 더 많은 부를 분배할 수 없다. 장기적으로 볼 때 우리는 노동력의 총생산량보다 더 많은 노동의 대가를 지불할 수 없다.

따라서 임금을 인상하는 가장 좋은 방법은 노동의 한계생산성을 높이는 것이다. 이는 여러 가지 방법으로 달성할 수 있다. 자본축적의 증가, 즉 노동자에게 도움을 주는 기계의 증가, 새로운 발명과 개선, 조금 더 효율적인 고용주의 관리, 노동자의 근면함과 효율성, 더 나은 교육과 훈련을 통해 이룰 수 있다. 노동자가 더 많이 생산하면 할수록 사회 전체의 부가 늘어난다. 그가 더 많이 생산할수록 그의 서비스는 소비자에게 더 가치 있고, 따라서 고용주에게 더 가치 있다. 그리고 그가 고용주에게 더 큰 가치를 지닐수록 그는 더 많은 돈을 받을 것이다. 실질임금은 정부의 명령이 아니라 생산에서 나온다.

따라서 정부는 고용주에게 더 많은 부담을 주는 게 아니라 이윤을 장려하고, 생산확장을 장려하고, 새롭고 더 나은 기계에 투자하여 노동자의 생산성을 증대시키는 정책을 추진해야 한다. 즉, 자본축적을 억제하는 것이 아니라 장려하여 고용과 임금을 증대시키는 방향으로 정책을 펼쳐야 한다.

노동조합이 실제로
임금인상을 가져오는가?

노동조합이 장기적으로 전체 노동인구의 실질임금을 상당히 인상할 수 있다는 믿음은 현대에 만연한 매우 큰 착각 중 하나다. 이러한 착각은 주로 임금이 노동생산성에 의해 결정된다는 사실을 인식하지 못한 데서 비롯된다. 예를 들어, 노동운동이 훨씬 더 진전된 영국과 독일 두 나라보다 미국의 임금이 비교할 수 없을 만큼 높았다.

　노동생산성이 임금의 근본적인 결정요인이라는 압도적인 증거에도 불구하고, 그 결론은 대개 노조 지도자들과 그들의 주장을 앵무새처럼 따라 함으로써 자유주의자라는 명성을 얻고자 하는 다수의 경제 저술가에 의해 잊히거나 조롱을 당한다. 그러나 이 결론은 그들이 추측하는 것처럼 고용주가 한결같이 선행을 행하는 친절하고 관대한 사람이라는 가정에 근거하지 않는다. 오히려 개별 고용주가 자신의 이익을 최대화하기를 열망한다는 매우 상반된 가정에 근거하고 있다. 만약 사람들이 자신의 실제적 가치보다 더 적은 돈을 받고 기꺼이 일하려 한다면 고용주 입장에서 이를 최대한 이용하지 말아야 할 이유가 어디 있는가? 예를 들어, 다른 고용주가 일주일에 2달러를 지급한다 해도 1달러만 지급할 수 있는 상황이 찾아오면 이를 선호하지 않을 이유가 있을까? 그리고 이런 상황이 존재하는 한, 고용주는 노동자에게 그들이 지니는 경제적 가치의 최대치까지는 임금을 지불하고자 할 것이다.

이 모든 것이 노동조합이 유용하지 않다거나 정당한 기능을 하지 못한다는 것을 의미하지는 않는다. 노동조합의 핵심 기능은 지역 근무조건을 개선하고 모든 조합원이 제공하는 서비스가 진정한 시장가치를 얻을 수 있도록 보장하는 것이다.

일자리를 위한 노동자의 경쟁과 노동자를 찾기 위한 고용주의 경쟁은 완벽하게 작동하지 않는다. 개별 노동자나 개별 고용주는 노동시장의 상황에 대해 충분히 알지 못한다. 개별 노동자는 고용주에게 제공하는 자신의 서비스가 갖는 진정한 시장가치를 모를 수 있다. 그리고 협상하기 어려운 위치에 있을지도 모른다. 그는 고용주보다 판단착오의 대가를 훨씬 더 크게 치른다. 만약 고용주가 자신에게 이익을 가져다줄지도 모르는 사람을 고용하지 않는다면, 그는 단지 그 사람을 고용함으로써 얻을 수 있는 순이익을 잃을 뿐이다. 그리고 그는 수백 혹은 수천 명의 직원을 고용하고 있다. 그러나 만약 노동자가 자신에게 더 많은 임금을 줄 다른 고용주를 쉽게 얻을 수 있으리라는 잘못된 믿음으로 어떤 일자리를 거부한다면, 그는 그 실수로 인해 큰 대가를 치러야 한다. 그의 모든 생계가 일자리와 관련돼 있기 때문이다. 그는 빠른 시일 내에 더 높은 임금을 제공하는 다른 일자리를 찾지 못할 수 있고, 심지어 비슷한 임금을 제공하는 일자리도 한동안 찾지 못할 수 있다. 그와 그의 가족은 반드시 먹고살아야 하기 때문에, 그가 가진 문제의 본질은 시간인지도 모른다. 그래서 그는 이러한 위험에 직면하기보다는 자신의 '실제 가치' 이하의 임금을 받아들이고 싶다는 유혹을 받을 수 있다. 그러나 노동자가 단체를 구성해서 고용주와 협상하고 특정 종류의 업무에 대해 '표준임금'을 책정하면, 고용주와 동등한 협상력을 갖고 실수와 관련된 위험을 평등하게 하는 데 도움을 받을 수 있다.

그러나 경험상 입증됐듯, 특히 고용주에게만 의무를 부과하는 편파적인 노동법의 도움으로 노동조합은 합법적인 기능을 넘어서 무책임하게 행동하고 근시안적이고 반사회적인 정책을 수용하기 쉽다. 이를테면 조합원의 임금을 실제 시장가치보다 높게 책정하려고 할 때마다 이러한 행동을 한다. 하지만 이 시도는 항상 실업을 초래한다. 사실 그러한 협정은 협박이나 강압을 통해서만 유지될 수 있다.

그중 한 방법은 입증된 능력이나 숙련도가 아니라 그와 다른 기준에 따라 조합 가입을 제한하는 것이다. 이 제한은 다양한 형태로 나타날 수 있다. 신규 노동자에게 과도한 입회금을 부과하거나 임의의 조합원 자격을 요구할 수 있고, 종교, 인종, 또는 성별에 따라 차별하거나 허가혹은 불허를 결정할 수도 있다. 또는 조합원의 수를 절대적으로 제한하거나 필요한 경우 비조합원의 제품뿐 아니라 심지어 다른 주나 도시에 있는 가맹조합 상품들을 강제로 배제하기도 한다.

특정 노동조합의 임금을 조합원이 제공하는 서비스의 실제 시장가치보다 높게 설정하고 유지하기 위해 위협과 권력이 사용되는 가장 명백한 사례는 파업이다. 평화적인 파업은 가능하다. 평화롭게 진행되는 한 파업은 합법적인 무기지만, 최후의 수단으로 가끔씩 사용돼야 한다. 만일 노동자들이 단체로 노동을 중단하면 그들에게 임금을 적게 지불해온 고집스러운 고용주는 정신이 번쩍 들 것이다. 그는 현재의 노동자들을 그들이 거부한 임금 수준을 기꺼이 받아들이면서도 업무 수준은 동등하게 훌륭한 노동자로 대체할 수 없다는 사실을 깨달을지도 모른다. 그러나 노동자가 자신들의 요구를 관철하기 위해 협박이나 폭력을 사용하는 순간, 즉 다른 노동자들이 일을 계속하지 못하게 하거나 고용주가 그들의 자리를 대체하기 위해 새로운 정규직 노동자를 고용하지 못하게 하기 위해 대규모 피켓 시위를 하는 순간, 이 사건은 의심을 받게 된다. 대규모 시위가 실은 고용주가 아니라 주로 다른 노동자들을 상대로 이뤄지기 때문이다. 다른 노동자가 기존 노동자가 거부한 일자리와 임금을 기꺼이 받으려 한다는 사실은 그들에게 열려 있는 대안적 일자리들이 기존 노동자들이 거부해온 것만큼 좋지 않다는 것을 입증한다. 따라서 새로운 노동자가 기존 노동자의 자리를 차지하는 것을 무력으로 막아낸다면, 새로운 노동자는 그들에게 열려 있는 최선의 대안을 선택하지 못하고 그들에게 더 나쁜 것을 받아들여야만 한다. 그러므로 파업 참가자들은 특권적 지위를 주장하면서, 그 특권을 유지하기 위해 다른 노동자에게 폭력을 사용하는 셈이다.

앞선 분석이 맞다면 '파업 파괴자Strikebreaker'에 대한 무분별한 증오는 정당하지 않다. 만일 파업 파괴자들이 스스로 폭력을 휘두르거나, 실제로는 그 일을 할 수 없는 전문 폭력배들로 구성됐거나, 혹은 기존 노동자들이 겁을 먹고 예전 임금으로 계속 일하기 위해 돌아올 때까지 일하는 척을 하기 위해 일시적으로 높은 임금을 받는다면, 증오는 정당화될 수 있다. 그러나 만약 파업 파괴자가 단지 정규직 일자리를 찾고 있고 기존의 임금을 기꺼이 받아들이려는 노동자들이라면, 그들은 그저 파업 중인 노동자가 더 나은 일자리를 누릴 수 있도록 그 노동자보다 나쁜 일자리로 내몰린 사람일 것이다. 그리고 기존 노동자의 우월한 지위는 사실 항시 존재하는 힘의 위협에 의해서만 계속 유지될 수 있다.

···ıll

감성경제학Emotional economics은 차분히 검토해보면 정당화될 수 없는 이론을 만들어냈다. 그중 하나는 노동자가 일반적으로 '저임금'을 받고 있다는 개념이다. 이는 자유시장에서 상품의 가격이 일반적으로 너무 낮다는 생각과 유사하다. 이상하지만 끊임없이 반복되는 개념은 또 있다. 한 국가에서 일하는 노동자들의 이해관계가 서로 동일하며, 한 노조의 임금인상이 다른 모든 노동자들에게 도움이 된다는 것이다. 이 개념은 사실이 아닐뿐더러, 만약 어떤 노동조합이 조합원들에게 실제 시장가치보다 훨씬 높은 임금을 강요하면 이는 지역사회 구성원을 비롯해 다른 모든 노동자에게 피해를 주는 일이다.

이런 일이 어떤 과정을 통해 발생하는지 좀 더 명확하게 살펴보기 위해 산술적으로 엄청나게 단순화된 공동체를 상상해보자. 공동체가 단지 여섯 개의 노동자 집단으로 구성돼 있고, 그들의 총임금과 그들이 생산하는 제품의 시장가치가 서로 동일하다고 가정해보자. 이 여섯 개 그룹이 (1) 농장 노동자 (2) 소매점 노동자 (3) 의류업 노동자 (4) 탄광 노동자 (5) 건축 노동자 (6) 철도 노동자로 구성된다고 가정하자. 어떠한 강압의 요소도 없이 결정된 그들의 임금율이 반드시 같지는 않을 것이다. 그러나 임금이 얼마든, 그들의 원래 임금에 각각 100이라는 기준지수를 부여해보자. 이제 모든 집단이 범국가적인 연합을 결성하여 단지 경제적인 생산력뿐만 아니라 정치적 힘과 전략적 위치에 비례하여 자신들의 요구사항을 강요할 수 있다고 가정해보자. 그 결과 농장 노동자들은 임금을 전혀 올릴 수 없게 됐고, 소매점 노동자는 10%, 의류업 노동자는 20%, 탄광 노동자는 30%, 건축 노동자는 40%, 철도 노동자는 50%를 인상할 수 있다고 하자.

이 가정에 따르면 평균 25%의 임금인상이 발생했다는 것을 의미한다. 다시, 산술적인 단순성을 위해 각 노동자가 만들어내는 제품의 가격이 그 집단의 임금인상과 동일한 비율로 오른다고 가정해보자. (인건비가 모든 비용을 대표하지는 않는다는 사실을 포함해서 여러 가지 이유로 가격이 그런 식으로 오르지는 않을 것이다. 특히 단기적으로는 더욱 그렇다. 그러나 수치를 이렇게 가정하면 기본 원리를 설명하는 데 도움이 된다.)

그러면 생활비가 평균 25% 오르는 상황에 처한다. 비록 농장 노동자의 명목임금은 줄어들지 않았지만 구매력은 크게 저하될 것이다. 소매점 노동자는 10%의 명목임금 인상을 받았음에도 처음 시작했을 때에 비해 구매력이 줄어든다. 심지어 의류업계 노동자조차 명목임금이

20% 인상됐지만 이전에 비해 불리한 입장에 놓일 것이다. 탄광 노동자는 30%의 명목임금 인상을 통해 구매력이 소폭 상승했을 뿐이다. 물론 건축과 철도 노동자의 구매력은 상승했지만 실제적으로는 겉보기보다 훨씬 더 적은 수준일 것이다.

그러나 이 계산조차도 강제적인 임금인상이 실업을 초래하지 않았다는 것을 전제로 하고 있다. 이는 임금인상이 통화와 은행 신용의 동일한 증가를 수반했을 때에만 사실일 가능성이 높다. 심지어 그 상황에서도 임금이 가장 많이 상승한 분야에서 실업이 일어나지 않고서는 이러한 임금률 왜곡이 발생할 수 없다. 만약 임금인상에 상응하는 통화팽창이 일어나지 않는다면, 강제적인 임금상승은 광범위한 실업을 초래할 것이다.

임금이 가장 많이 인상된 집단에서 반드시 실업률이 가장 높을 필요는 없다. 실업은 각기 다른 종류의 노동에 대한 수요의 상대적인 탄력성 및 수요의 '유사한' 성격과 관련하여 변화하고 분배될 것이기 때문이다. 이 모든 것을 고려했을 때 임금이 가장 많이 오른 집단조차도 그들의 실업자를 포함해 평균을 계산하면 이전보다 상황이 더 나빠졌다는 것을 발견할 것이다. 또한 복지 측면에서 보면 단순히 산술적으로 볼 때보다 훨씬 더 손실이 크다. 왜냐하면 실업자의 심리적 손실이 구매력 측면에서 약간 더 수입이 증가된 사람들의 심리적 이득보다 훨씬 더 클 것이기 때문이다.

또한 실업 보조금으로는 상황을 개선할 수 없다. 실업 보조금은 결국 일하는 사람들의 임금에서 많은 부분이 직간접적으로 지불된다. 그러므로 실업 보조금 지급은 노동자의 임금을 삭감하는 것과 같다. 게다가 이미 살펴봤듯 '충분한' 구제금융은 여러 가지 방법으로 실업을 초래한다. 과거 강성 노조가 실업 상태의 노조원을 지원하는 기능을 했을 때, 그들은 대량 실업을 일으킬 수 있는 임금인상을 요구하기 전에 다시 한번 생각했다. 그러나 과도한 임금인상으로 인한 실업을 일반 납세자가 의무적으로 지원하는 구제제도가 존재하는 한 노조의 과도한 요구를 규제할 요인은 사라진다. 게다가 이미 언급했듯이, 충분한 보조금은 어떤 사람으로 하여금 일자리를 전혀 찾지 않게 할 것이고, 다른 이들은 그들에게 실제로 제공되는 임금에 대해서가 아니라 임금과 실업 보조금 간의 차이만큼만 일하면 된다는 생각을 하게 될 것이다. 그리고 실업률이 높다는 것은 생산량이 줄어들고 나라가 더 가난해지고 모든 사람이 더 적게 갖게 된다는 의미다.

노동조합을 통해 문제를 해결해야 한다고 말하는 사람들은 때때로 내가 방금 제시한 문제에 대해 다른 대답을 시도한다. 그들은 오늘날 강성 노조의 구성원들이 무엇보다도 비노조 노동자들을 착취하고 있음을 인정하지만 이에 대해 간단한 해결책을 제시한다. 바로 모든 사람이 노동조합에 가입하는 것이다. 그러나 문제 해결은 그리 간단하지 않다. 와그너-태프트-하틀리 법Wagner-Taft-Hartley Act 및 기타 법이 법적·정치적으로 노조 가입을 엄청나게 장려(어떤 경우에는 강제라고도 할 만큼)하고 있지만, 미국 노동자의 약 4분의 1만이 노동조합에 가입한 것은 우연이 아니다. 조합 가입에 적합한 조건은 일반적으로 생각하는 것보다 훨씬 더 특수하다. 그러나 모두가 가입하는 노동조합이 만들어질 수 있다고 해도 그 조합이 지금보다 더 강력해질 수는 없을 것이다. 일부 노동자 집단은 다른 집단보다 훨씬 더 나은 전략적 위치에 있는데, 그 이유는 그들의 수가 훨씬 많거나 그들이 만드는 제품이 더 본질적인 특성을 지니거나, 다른 산업이 그들의 산업에 더 크게 의존하거나 또는 그들이 강압적인 방법을 더 많이 사용할 수 있기 때문이다. 그러나 일단 이 문제는 제쳐두고, 강압적인 방법으로 모든 노동자의 임금을 같은 비율로 올릴 수 있다고 가정해보자. 그렇다 해도 장기적으로 보면 임금이 전혀 인상되지 않았을 때보다 더 잘살게 되는 사람은 아무도 없을 것이다.

┅

이것이 우리를 문제의 핵심으로 이끈다. 보통 임금인상은 고용주의 이익을 희생시킴으로써 얻어진다고 가정한다. 이런 일은 물론 짧은 기간이나 특별한 상황에서 일어날 수 있다. 다른 기업과의 경쟁 때문에 가격을 올릴 수 없을 때 임금인상은 이윤에서 지출될 것이다. 만약 임금인상이 산업 전반에 걸쳐 일어난다면 이런 일이 일어날 가능성은 거의 없다. 그러나 그 산업이 외국과의 경쟁에 직면하지 않는다면 그들은 상품 가격을 올릴 수 있고 소비자에게 임금인상 비용을 전가할 수 있을 것이다. 소비자 대부분은 노동자로 구성될 가능성이 크기 때문에, 노동자들은 특정 제품에 더 많은 돈을 지불해야 함으로써 실제 임금이 오히려 줄어들 것이다. 가격인상의 결과로 해당 산업 제품의 판매량이 감소할 수 있고 그 결과 그 산업의 이익 규모가 줄어들 것이다. 그리고 해당 산업 내 고용과 총급여는 그에 상응해 감소할 수 있다.

상당하는 고용감소 없이 전체 산업의 이윤을 감소시킬 경우 임금인상은 그에 상응하는 임금총액의 증가를 의미하는데, 한 회사도 파산하지 않고 전체 임금인상 비용이 업계 이익에서 나오는 경우를 '상상'할 수는 있다. 실제 비즈니스에서 그런 결과가 있을 것 같지는 않지만 말이다.

철도산업을 예로 들어보자면, 철도업은 정부규제 때문에 임금인상의 결과를 더 높은 요금의 형태로 대중에게 전가할 수 없다. 노조가 고용주와 투자자를 희생시키면서 단기간에 이익을 볼 수는 있다. 그 투자자들은 한때 유동자금을 가지고 있었지만 그 자금을 철도사업에 투자했다. 그들은 그 자금을 철로, 노반, 객차, 기관차로 바꾸었다. 한때 그들의 자본은 여러 다른 형태로 바뀔 수 있었지만, 이제는 한 가지 특정한 형태로 갇혔다. 철도 노조는 이미 투자한 이 자본에 대해 더 적은 수익을 받아들이라고 강요할 수도 있다. 비록 투자비용의 0.1%에 불과하더라도 철도사업으로 운영비보다 조금이라도 더 돈을 벌 수 있다면 철도를 계속 운영하는 것은 투자자에게 이익이 될 것이다.

그러나 여기에는 필연적인 결론이 있다. 철도산업이 다른 산업에 비해 투자수익이 적기 때문에 투자자들은 철도에는 한 푼도 더 들이지 않을 것이다. 묶여 있는 자본의 작은 수익을 보호하기 위해 먼저 닳아서 망가진 부품 몇 개만 교체할 것이다. 하지만 그걸 제외하면 장기적으로 노후화되거나 부식된 품목을 교체하는 일조차 하지 않을 것이다. 국내에 투자한 자본의 수익률이 해외에 투자한 자본의 수익률보다 낮다면 그들은 해외에 투자할 것이다. 만약 위험을 보상할 만한 충분한 수익을 어디서도 찾을 수 없다면 그들은 모든 투자를 중단할 것이다.

따라서 노동으로 자본을 착취하는 것은 기껏해야 일시적이다. 이는 곧 끝날 것이다. 사실, 앞선 가상의 사례로 귀결되기보다 한계기업의 전면적 퇴출, 실업 증가, 정상적인(또는 비정상적인) 이윤의 전망이 고용과 생산의 재개로 이어지는 지점까지 임금과 이익이 강제 재정비되는 것으로 끝날 것이다. 그러나 그사이에 착취의 결과로 발생하는 실업과 생산량 감소가 모두를 더 가난하게 만든다. 비록 한동안은 노동자가 국민소득에서 상대적으로 더 큰 몫을 차지할지라도, 국민소득의 절대적 규모는 줄어들 것이다. 그래서 이 짧은 기간에 상대적 이득을 얻는다는 것은 피로스의 승리Pyrrhic Victory(막대한 희생을 치르고 얻은 승리_옮긴이)이다. 노동자 역시 실질구매력 측면에서 더 적은 총량을 얻고 있다는 의미일 수 있다.

ıl

따라서 노동조합이 부분적으로는 고용주를 희생시키고 더 크게는 비조합원을 희생시키면서, 조합원의 명목임금 인상을 당분간 확보할 수 있을지라도 장기적으로 전체 노동자의 실질임금은 결코 인상할 수 없다는 결론에 이른다.

노동조합이 그럴 수 있다는 믿음은 일련의 망상에 근거한다. 그중 하나는 인과설정의 오류post hoc ergo propter hoc다. 즉, 주로 자본투자 증가와 과학 및 기술의 진보로 인해 지난 반세기 동안 임금이 엄청나게 인상됐는데, 노동조합도 이 기간에 성장했기 때문에 노동조합에 그 성과를 돌리는 것이다. 그러나 이러한 망상은 주로 노동조합이 요구하는 임금상승이 일자리를 유지하고 있는 특정 산업 노동자에게 미치는 영향만 고려하고, 전체 노동자의 고용 상황, 생산 및 생활비에 미치는 영향은 추적하지 못하는 오류 때문에 발생한다.

어떤 사람들은 이런 결론에서 한 발 더 나아가 장기적으로 그리고 노동자 전체를 넓게 봤을 때, 노동조합이 실제로 실질임금이 상승하지 못하도록 방해한 것은 아닌지 의문을 갖는다. 만약 그들이 노동생산성을 감소시키는 순효과를 냈다면, 노동조합은 분명히 임금을 낮추거나 억제하는 데 이바지하는 세력임에 틀림없다. 그리고 우리는 사실 여부를 물어볼 수 있다.

생산성에 관해서라면 분명 노조정책에 긍정적인 측면이 있다. 몇몇 업종에서 노동조합은 기술과 능력 수준을 높이기 위한 기준을 고집해왔다. 그리고 초창기에 그들은 조합원의 건강을 보호하기 위해 많은 일을 했다. 노동력이 풍부한 곳에서는 개인 고용주가 노동자를 쉽게 다른 사람으로 대체할 수 있다. 그렇기 때문에 노동자의 건강에 심각한 악영향을 주는데도 노동자들을 재촉하고 장시간 일을 시킴으로써 짧은 기간 내에 이익을 얻곤 했다. 그리고 무자비하거나 근시안적인 고용주는 노동자에게 지나치게 많은 일을 시킴으로써 때로 자신의 이익까지 감소시켰다. 이 모든 경우에 노동조합은 양질의 기준을 요구함으로써,

그들의 실질임금을 인상하는 동시에 조합원의 건강을 증진하고 복지의 폭을 넓혔다.

그러나 최근 몇 년간 노동조합의 권력이 커지고 대중의 잘못된 동정심이 반사회적인 관행에 대한 관용이나 지지로 이어지면서, 노동조합은 정당한 목표를 넘어서 지나친 행동을 취하고 있다. 주 70시간 근무를 주 60시간 근무로 줄이는 것은 건강과 복지뿐 아니라 장기적으로 보면 생산에도 이득이 됐다. 주 60시간 근무를 주 48시간으로 단축한 것은 건강과 여가생활에 이득이 됐다. 주 48시간 근무를 주 44시간 근무로 줄인 것은 여가생활에는 이득이었지만, 생산과 소득에 반드시 이득은 아니었다. 주당 근무시간을 40시간으로 단축하는 것은 건강과 여가에 미치는 가치가 훨씬 적으며, 생산량과 소득의 감소는 더욱 분명하다. 그러나 노조는 현재 주 35시간 노동, 주 30시간 노동에 대해 이야기하고 때로는 시행하며, 이러한 조치가 생산량이나 수입을 감소시킬 수 있음을 부인한다.

생산성에 악영향을 준 노조정책이 비단 주당 근로시간 제한만은 아니다. 사실, 이 조치는 노동조합이 지금까지 실행해온 여러 정책 가운데 가장 덜 해로운 편에 속한다. 적어도 건강과 여가라는 보상과 이득은 명확했다. 그러나 많은 노동조합이 이에 그치지 않고 생산비를 인상시킬 뿐만 아니라 비용이 많이 들고 터무니없는 법적 분쟁을 야기하는 엄격한 노동의 세분화를 주장해왔다. 그들은 생산량이나 효율성에 근거한 임금 지불을 반대해왔으며, 생산성의 차이와 상관없이 모든 구성원에게 동일한 시간당 임금을 요구했다. 그들은 실력보다는 연공서열에 따른 승진을 주장했다. 또한 '속도 향상'이라는 구실을 들먹이며 고의적인 태업을 시작했다. 동료보다 더 많이 생산하는 사람을 해고해야 한다고 주장하면서 때로는 잔인하게 폭력을 행사했다. 그리고 기계의 도입이나 개선에 반대했다. 그들은 보다 효율적이거나 노동을 절감해주는 기계를 설치함에 따라 조합원 중 누군가 해고되면 해고된 노동자가 실업 보조금을 무기한 보장받아야 한다고 주장했다. 그들은 주어진 임무를 수행하는 데 더 많은 사람, 혹은 더 많은 작업 시간을 요구하는 작업 규칙을 고수했다. 심지어 고용주를 망치겠다는 위협을 하면서 전혀 필요 없는 사람들을 고용해야 한다고 주장하기도 했다.

이러한 정책 대부분은 해야 할 일의 양이 고정돼 있고, 많은 사람이 오랫동안 이 일자리 기금job fund을 사용해야 하기 때문에 고갈되지 않도록 해야 한다는 가정에 바탕을 두고 있다. 이 가정은 완전히 잘못됐다. 일은 다른 일을 만든다. A가 생산하는 것은 B가 생산하는 것에 대한 수요를 창출한다.

이러한 그릇된 가정이 존재하고, 노조의 정책이 이를 바탕으로 만들어지기 때문에 생산성 저하를 이끌었다. 또 장기적으로 모든 노동자 그룹의 실질임금 하락을 가져왔다. 즉, 그들의 구매력은 노조가 없을 때보다 줄어들었다. 다시 말하지만, 지난 세기에 실질임금이 엄청나게 오른 진짜 요인은 자본축적과 그로써 가능해진 엄청난 기술적 진보였다.

하지만 이 과정은 자동적으로 일어나지 않는다. 나쁜 노동조합뿐만 아니라 나쁜 정부정책의 결과, 사실상 지난 10년 동안 실질임금의 상승은 중단됐다. 민간 비농업 인력의 주당 총소득을 달러를 기준으로만 보면, 1968년 107.73달러에서 1977년 8월 189.36달러로 오른 것은 사실이다. 그러나 노동통계국 물가상승률을 감안하여 이 수입을 1967년 달러로 환산하면 실제 주당수입은 1968년 103.39달러에서 1977년 8월 103.36달러로 오히려 하락했다.

실질임금 상승의 이러한 중단은 노동조합의 본질에 내재된 결과가 아니다. 근시안적인 노조와 정부정책의 결과다. 아직은 둘 다를 바꿀 시간이 있다.

생산품을 되사기에 충분한 임금

아마추어 경제학자들은 항상 '적정한' 가격과 '정당한' 임금의 필요성을 주장한다. 경제를 정의하는 이러한 모호한 개념은 중세시대까지 거슬러 올라간다. 고전학파 경제학자들은 이를 변형시켜 새로운 개념인 기능가격functional price과 기능임금functional wages을 만들어냈다. 기능가격은 최대 생산량과 최대 판매량을 촉진하는 가격이며, 기능임금은 최대 고용과 최대 실질임금을 가져오는 경향이 있는 임금이다.

　마르크스주의자와 무심결에 이를 따른 구매력학파purchasing-power school는 기능임금의 개념을 왜곡된 형태로 변형시켰다. 이 두 집단은 기존 임금의 '공정성' 여부는 별로 개의치 않는다. 그 대신 진짜 문제는 이 임금이 제 역할을 하는지 그렇지 않은지라고 주장한다. 그리고 임박한 경제붕괴를 막을 수 있는 유일한 임금은 노동자가 자신이 생산한 제품을 다시 살 수 있도록 해주는 임금이라고 말한다. 마르크스주의자와 구매력학파는 과거의 모든 불황을 그 정도로 충분한 임금을 지급하지 못한 이전의 실패에서 찾는다. 그리고 그들은 여전히 노동자가 그들 자신이 만든 제품을 되사기에 충분한 임금을 받지 못하고 있다고 확신한다.

이러한 논리가 노조 지도자들에게 특히 효과적이라는 것은 이미 증명됐다. 대중의 이타적인 관심을 불러일으키거나 (그들이 '사악'하다고 정의한) 고용주를 '공정한' 존재로 설득할 능력이 없는 그들은, 대중의 이기적 동기에 호소하기 위한 논쟁을 벌여왔고, 이를 바탕으로 고용주에게 노조의 요구를 받아들이라고 강요했다.

그러나 이것을 우리가 어떻게 정확히 알 수 있을까? 노동자는 정확히 언제 자신이 만든 제품을 구입하기에 충분한 임금을 받게 되는가? 혹은 언제 그보다 더 많은 임금을 받게 되는가? 노동자가 받는 임금의 총합을 어떻게 정확하게 알아낼 수 있는가? 이 논리의 옹호자들은 이 질문에 답하기 위해 아마도 아무런 실제적 노력을 하지 않을 것이기에, 우리는 스스로 해답을 찾기 위해 노력해야 한다.

이 이론의 일부 지지자들은 각 산업에 종사하는 노동자가 자신이 만든 바로 그 제품을 되사기에 충분한 임금을 받아야 한다고 생각하는 것 같다. 하지만 이는 값싼 옷을 만드는 사람은 싼 옷을 구입하기에 충분한 임금을 받고, 값비싼 밍크코트를 만드는 사람은 밍크코트를 구입하기에 충분한 임금을 받아야 한다는 의미는 분명 아니다. 또한 포드 자동차 공장의 노동자들은 값싼 포드 자동차를 구입하기에 충분한 임금을 받고, 캐딜락 자동차 공장의 노동자들은 값비싼 캐딜락 자동차를 사기에 충분한 임금을 받아야 한다는 뜻도 아니다.

여기서 상기해봐야 할 일이 있다. 1940년대 미국 자동차 노동조합의 조합원 대부분은 미국 소득 상위 3분의 1에 속했고, 정부 통계에 따르면 다른 공장 노동자보다 평균 20% 이상 임금이 높았으며, 소매업 종사자보다는 거의 두 배나 많은 임금을 받고 있었다. 그런데도 노동조합은 "우리가 생산할 수 있는 제품을 재빨리 흡수할 수 있는 능력을 강화하라"면서 평균 30%의 임금인상을 요구했다.

그렇다면, 일반 공장 노동자와 일반 소매 노동자는 어떻게 해야 할까? 경제붕괴를 막는 데 자동차 노동자들에게 30%의 임금인상이 필요하다면, 일반 노동자와 소매 노동자도 똑같이 30%를 인상하면 충분할까? 아니면, 자동차 노동자와 동등한 1인당 구매력을 갖추도록 55%~160%의 임금인상을 요구해야 했을까? 당시 산업 간 평균임금 수준에는 엄청난 차이가 존재했음을 기억해야 한다. 참고로 1976년 소매업 노동자의 주당 평균수입은 113.96달러에 불과한 반면, 모든 제조업 근로자는 평균 207.60달러, 계약 건설업 노동자들은 284.93달러의 수입을 올렸다.

(개별 노동조합의 과거 임금협상 이력이 가이드라인으로 작용해, 자동차 노동자들은 분명 현존하는 산업 간 임금격차를 유지하자고 주장했을 것이다. 경제평등에 대한 조합원들의 열정은 자신보다 낮은 임금을 받는 사람들과 나누고자 하는 열정이 아니라, 자신보다 높은 임금을 받는 사람들만큼 받고자 하는 열정이다. 다만 우리가 여기서 관심을 가져야 하는 것은 비참하고 연약한 인간 본성이 아니라 특정 경제이론의 논리와 타당성이다.)

노동자가 자신의 제품을 되사기에 충분한 임금을 받아야 한다는 주장은 일반적인 '구매력' 논쟁의 특별한 형태일 뿐이다. 노동자의 임금이 구매력이라는 주장은 충분히 제기될 만하다. 그러나 노동자뿐 아니라 모든 사람의 소득, 즉 식료품점, 집주인, 고용주의 소득 역시 다른 사람이 팔아야 하는 물건을 구입하는 데 필요한 구매력이다. 그리고 그중에서도 그들의 노동 서비스를 구매해줄 사람을 찾는 것이 가장 중요하다.

게다가 이 모든 것에는 동전의 양면 같은 측면이 있다. 교환경제에서 모든 사람의 금전적 수입은 다른 사람의 비용이다. 시간당 임금의 증가는 시간당 생산성의 동일한 증가로 뒷받침되지 않는 한 생산비용의 증가일 뿐이다. 정부가 가격을 통제하고 가격인상을 금지하는 상황에서 생산비용의 증가는 한계생산자들의 이윤을 박탈해 그들을 폐업으로 내몰고, 결과적으로 시장 위축과 실업으로 이어진다. 가격을 인상할 수 있는 곳에서조차 마찬가지 일이 일어난다. 가격이 오르면 구매자의 구매 의욕이 떨어지고 실업률이 높아진다. 만약 전 지역에서 시간당 임금이 30% 인상되면, 노동자들은 임금인상 이전보다 더 많이 구입할 수 없고, 마치 회전목마처럼 계속 원점으로 되돌아가야 한다.

대부분은 틀림없이 임금 30% 인상이 물가를 그렇게 많이 상승시킨다는 주장은 사실이 아니라고 말할 것이다. 사실 이런 결과는 장기적으로 일어나고, 통화 및 신용 정책이 이를 허용할 때에만 가능하다. 만약 통화 및 신용 정책이 아주 비탄력적이어서 임금이 상승할 때 통화량이 증가하지 않는다면 (그리고 현재의 노동생산성이 더 높아진 임금을 정당화하지 않는다고 가정하면), 임금상승의 주된 효과는 실업률의 상승이다.

그리고 이 경우, 총급여는 금액적 측면에서 보나 구매력 측면에서 보나 이전보다 낮아질 가능성이 높다. (기술진보의 과도기적 결과가 아닌 노조정책에 의해 초래된) 고용감소는 필연적으로 모든 사람을 위해 생산되는 상품의 감소를 의미한다. 그리고 노동자 역시 남은 생산량에서 자기 몫을 더 많이 가져간다고 해도 절대적 생산량 감소에 따른 손해를 보상받을 가능성은 낮다. 미국의 폴 H. 더글러스Paul H. Douglas 와 영국의 A. C. 피구A. C. Pigou 는 각각 방대한 통계 분석과 연역적 추론을 통해 노동력에 대한 수요의 탄력성이 3에서 4 사이에 있다는 결론에 도달했다. 그 의미를 좀 더 쉽게 설명하면 "실질임금의 1% 하락은 노동 총수요를 3% 이상 확대시킬 가능성이 있다"[8]는 것이다. 또는 반대로 "임금을 한계생산성 이상으로 올리면, 고용은 시간당 임금인상률의 3~4배 감소한다"[9]는 뜻이다.

비록 이 수치가 과거 특정 기간 동안의 노동력에 대한 수요의 탄력성만을 나타낼 뿐 미래 노동수요를 예측하지는 못한다고 해도, 그 의미는 진지하게 고려해볼 만한 충분한 가치가 있다.

자, 이제는 임금인상이 심각한 실업을 초래하지 않도록 통화와 신용의 증가가 충분히 이뤄졌다고 가정하자. 만약 이전에 임금과 물가가 장기적으로 '정상적'인 관계에 있었다고 가정한다면, 가령 30%의 임금인상은 궁극적으로 대략 30%의 가격인상을 초래할 것이다.

가격이 임금의 상승률보다 훨씬 덜 오르리라는 믿음은 두 가지 주요 오류에 바탕을 둔다. 첫 번째 오류는 특정 기업이나 산업의 직접노동비용만을 보고 그것이 관련된 모든 인건비라고 오인하는 것이다. 이는 일부분을 전체라고 주장하는 기본적인 오류다. 각 산업은 '수평적'인 생산공정의 일부일 뿐만 아니라 '수직적' 생산공정의 일부이기도 하다. 따라서 자동차 공장에서 자동차를 만드는 데 소요되는 직접적인 인건비 자체는 전체 비용의 3분의 1이 안 될 수도 있으며, 이는 임금이 30% 인상되면 자동차 가격은 10%보다 적은 폭으로 오른다는 잘못된 결론을 이끌 수 있다. 그러나 이는 원자재와 구매한 부품, 운송료, 새로운 공장이나 새로운 기계, 또는 대리점에서 판매하는 과정에 포함돼 있는 간접노동비는 간과한 것이다.

정부 추산에 따르면 1929년부터 1943년까지 15년 동안 미국 노동자의 임금은 평균적으로 미국 국민소득의 69%를 차지하고 있었다. 1956년에서 1960년까지 5년 동안에도 국민소득의 69%를 노동자의 임금소득이 차지했으며, 1972년에서 1976년까지 5년 동안은 임금소득이 국민소득의 66%를 차지했고, 여기에 보조금이 추가되면 노동자가 받는

총보상은 국민소득의 76%를 차지한다. 물론 임금과 월급은 국민생산에서 지불하는 것이 맞다. 노동자의 소득을 정확하게 추정하기 위해서는 이러한 수치에서 가감해야 할 것이 있지만, 우리는 이를 근거로 인건비가 총생산비의 3분의 2 이하일 수 없으며, (노동에 관한 정의에 따라) 4분의 3을 초과할 수 있다고 추정할 수 있다. 만약 우리가 이 두 추정치 중에서 더 낮은 값을 선택하고 이익률이 변하지 않을 것이라고 가정한다면, 전 세계 임금 비용의 30% 증가는 분명 20% 정도의 가격 상승을 의미할 것이다.

그러나 이와 같은 변화가 일어나면 투자자, 경영자, 자영업자의 소득을 나타내는 명목이윤은 종전의 84%로 줄어든다. 이로써 장기적으로 투자 및 신규기업의 수가 감소하고, 하위계층의 자영업자가 높은 임금 소득 계층으로 옮겨가는 효과가 초래될 것이다. 그러나 이는 가정한 조건하에서 30%의 임금인상이 결국에는 30%의 가격 상승을 의미한다는 말과 똑같을 뿐이다.

봉급 생활자가 반드시 상대적인 이득을 얻지 못하는 것은 아니다. 과도기 동안 그들은 상대적인 이득을 얻을 테고, 다른 사람들은 상대적 손실을 겪을 것이다. 그러나 이 상대적인 이득이 절대적인 이득을 의미할 가능성은 희박하다. 비용 대 물가의 관계에서 일어나는 이러한 변화는 실업, 불균형한 생산, 생산 중단 또는 생산 감소를 초래하지 않고는 거의 일어날 수 없기 때문이다. 새로운 균형 상태로 이행되는 동안 노동자는 작은 파이에서 더 큰 조각을 얻을 수 있지만, 그것이 이전의 큰 파이에서 얻어낸 작은 조각보다 절대적으로 클지는 의심해볼 만하다.

이제 경제적 균형의 일반적인 의미와 효과에 대해 이야기해보자. 균형 임금equilibrium wages과 물가는 공급과 수요를 균등하게 하는 임금과 가격이다. 만약 정부나 민간이 강압적으로 균형 수준 이상으로 물가를 올리려는 시도를 한다면 수요가 줄어들고 따라서 생산이 줄어든다. 가격을 균형 수준 이하로 내리려는 시도를 하면, 결과적으로 이윤이 감소 또는 소멸하고 이로써 공급과 새로운 생산이 줄어든다. 그러므로 가격을 균형 수준(자유시장이 지속적으로 유지하는 경향이 있는 수준) 이상 또는 그 이하로 강제하려는 시도는 고용과 생산량을 그러지 않았으면 도달했을 수치 이하로 떨어뜨리는 작용을 할 것이다.

이제 노동자가 반드시 '자신이 생산한 제품을 되사기에 충분한 임금을 받아야 한다'는 주장으로 돌아가자. 명백히도, 국민생산은 제조업 노동자들에 의해서만 생산되거나 구매되지 않는다. 사무직 노동자, 전문직 종사자, 농부, 고용주, 투자자, 목축업자, 소규모 자영업자 및 주유소 주인 등 제품과 서비스를 만들고 판매하는 과정에 기여한 모든 사람에 의해 창출된다.

그 제품의 분배를 결정짓는 가격, 임금 그리고 이윤을 이야기할 때 가장 좋은 가격이란 가장 높은 가격이 아니라 최대 생산량과 최대 판매량을 가능하게 하는 가격이다. 노동자에게 최고의 임금률은 가장 높은 임금률이 아니라, 완전생산, 완전고용 및 가장 큰 지속적 급여를 허용하는 임금률이다. 산업뿐 아니라 노동자의 관점에서 볼 때 최고의 이익은 최저이윤이 아니라 좀 더 많은 사람이 고용주가 되게 하거나 이전보다 더 많은 일자리를 제공하도록 장려하는 이윤이다.

특정 집단이나 계층의 이익을 위해 경제를 운영하고자 하면, 그것을 통해 혜택을 주려 했던 바로 그 계층의 구성원을 포함한 모든 사람이 해를 입게 된다. 우리는 모든 사람을 위해 경제를 운영해야 한다.

이윤이
상품 생산을 결정한다

오늘날 많은 사람이 이윤이라는 단어를 언급하면서 보이는 분노는 이
윤이 우리 경제에 미치는 중요한 기능에 대한 이해가 얼마나 부족한지
를 보여준다. 이해를 돕기 위해 이미 앞서 다룬 바 있는 가격제도에 대
한 몇 가지 사항을 다른 각도에서 다시 살펴보기로 하겠다.

경제 전체에서 이윤이 차지하는 비율은 실제로 그다지 크지 않다.
몇 가지 실례를 통해 계산하면 1929년부터 1943년까지 15년간 기업의
사업 순이익은 국민소득의 평균 5% 미만이었다. 1956년부터 1960년까
지 5년간 기업의 세후수익은 국민소득의 평균 6% 미만이었다. 1971년
부터 1975년까지 5년간 역시 기업의 세후수익은 평균적으로 국민소득
의 6% 미만이었다(게다가 인플레이션에 대한 회계조정이 불충분하기
에 아마도 이 수치는 과대평가됐을 가능성이 있다). 그러나 이윤은 가
장 비난을 받고 있는 수입의 형태다. 과도한 이윤을 내는 사람을 부르는
말인 부당이득자profiteer라는 말은 있지만, 과도한 임금을 받는 사람을

지칭하는 말이나 이윤을 내지 못하고 돈을 잃는 사람을 지칭하는 단어는 없다. 그러나 현실을 보면 이발소 주인의 이윤은 영화배우나 철강회사의 고용된 사장뿐만 아니라 일반적인 숙련 노동자의 평균임금보다도 훨씬 적을 수 있다.

이윤에 대한 문제는 사실상의 오해에 가려져 있다. 세계 최대 산업 법인 중 하나인 제너럴모터스GM의 총수익은 이례적이라기보다는 전형적인 것으로 받아들여진다. 사업체의 폐업률에 대해 아는 사람은 거의 없다. 그들은 (TNEC 연구에서 인용하자면) "지난 50년간의 사업 조건이 계속된다면, 오늘 문을 여는 열 개의 식료품점 중 약 일곱 개의 점포가 2년 차까지 살아남을 것이며, 열 개 중 단 네 개만이 개업 4주년을 기념할 수 있을 것"임을 알지 못한다. 그들은 매년 소득세 통계에서 1930년부터 1938년까지 손실을 보인 기업 수가 이익을 본 기업 수를 초과했다는 사실을 알지 못한다.

평균적으로 이윤은 얼마나 될까? 이 질문은 일반적으로 이번 장의 초반에 제시된 수치(기업 이익은 국민소득의 6% 미만이라는 사실)를 인용하거나 모든 제조회사의 세후 평균소득이 매출액 1달러당 5센트 미만임을 지적함으로써 대답할 수 있다. (예를 들어, 1971년부터 1975년까지 5년간은 4.6센트에 불과했다.) 그러나 전통적인 회계처리 방법으로 계산된 법인의 결과만을 반영한 이러한 공식수치는 이익 규모에 대한 일반적인 개념에 훨씬 못 미친다. 법인뿐 아니라 비법인 기업의 경제활동을 포함한 모든 종류의 경제활동, 그리고 호황기 및 불황기를 충분히 포함하는 긴 기간을 고려하는 신뢰할 수 있는 추정치는 계산된 적이 없다. 그러나 몇몇 저명한 경제학자들은 모든 손실, 투자자본에 대한 무위험 수익률, 자영업자 자신의 노동에 대한 합리적인 임금 등을 모두 고려해서 계산하면 장기적으로 결코 순이익이 나지 않거나, 심지어 순손실을 볼 수 있다고 믿고 있다. 이처럼 성공하지 못하거나 성공할 수도 없는 사업을 기업가(자기 자신을 위해 사업을 하는 사람)가 시작하는 이유는 그들이 타고난 자선사업가이기 때문이 아니라 근거 없는 낙천주의와 자기 확신에 너무도 자주 이끌리기 때문이다.[10]

어떤 경우든 모험자본에 투자하는 개인은 수익을 얻지 못하는 데서 그치지 않고 분명 투자원금 전부를 잃을 위험이 있다. 과거에는 큰 위험이 있는 회사나 산업에 투자하면 큰 이윤을 얻을 수 있다는 유혹이 사람들로 하여금 큰 위험을 무릅쓰게 만들었다. 하지만 투자수익률이 10% 또는 비슷한 수치로 제한되는데 투자원금 전부를 잃을 위험이 여전히 존재한다면 어떨까? 이 조치가 고용과 생산에 어떤 영향을 미칠까? 초과이득세excess-profit tax는 제2차 세계대전 중에 비록 짧은 기간 동안 부과됐지만, 그러한 제한이 어떻게 효율성을 저하시키는지 여실히 보여줬다.

오늘날 거의 모든 곳에서 정부정책은 생산을 억제하기 위해 무엇을 하든 간에 생산이 자동적으로 계속될 것이라 가정하는 경향이 있다. 오늘날 세계 생산에 있어 가장 큰 위험 중 하나는 여전히 정부의 가격통제 정책에서 나온다. 가격통제 정책은 생산 동기를 제거함으로써 생산품목을 줄일 뿐만 아니라, 장기적으로 소비자의 실수요에 맞춰 생산하는 것조차 막는다. 자유경제 상황에서 어떤 생산 부문에서는 수요가 너무 많아서 몇몇 정부 관료가 생각하기에 '과도하고 비합리적인', 심지어 '가당찮은' 이윤을 내기도 한다. 그러나 바로 그 사실이 모든 회사로 하여금 그 제품의 생산량을 최대로 늘리고, 더 많은 기계와 고용에 이익을 재투자하게 만든다. 뿐만 아니라 생산이 수요를 충족시킬 때까지 새로운 투자자와 생산자를 끌어들인다. 그렇게 되면 이익은 결국 다시 일반적인 수준으로 (또는 그 이하로) 떨어진다.

임금, 비용 그리고 가격이 경쟁시장에 의해 결정되는 자유경제 아래에서는 이윤 전망에 따라 어떤 제품을 얼마만큼 만들지 결정한다. 또한 어떤 물품이 전혀 만들어지지 않을지도 결정된다. 제품을 생산했는데 이익을 얻을 수 없다면, 거기 투입된 노동력과 자본은 잘못 쓰이고 있다는 뜻이다. 즉, 제품 생산에 소비되는 자원 자체의 가치가 생산된 제품의 가치보다 더 큰 것이다.

간단히 정리하면, 이윤은 수많은 상품이 수요에 맞게 생산되도록 생산요소의 투입의 결정하는 역할을 한다. 아무리 훌륭한 관료라도 이 문제를 제멋대로 해결할 수는 없다. 자유로운 가격과 자유로운 이윤은 다른 어떤 시스템보다 더 빨리 생산을 극대화하고 공급 부족을 해결한다. 임의로 고정시킨 가격과 임의로 제한한 이익은 공급 부족 사태를 더 연장시키고 생산과 고용을 감소시킬 뿐이다.

마지막으로, 이윤은 경쟁 상황에 있는 모든 사업의 경영자에게 경제성과 효율성을 더 많이 도입하도록 끊임없이 압력을 가하는 기능을 한다. 호황기에는 이윤을 더 늘리기 위해, 보통 때는 경쟁자보다 앞서기 위해, 불황기에는 살아남기 위해 그렇게 해야 한다. 이윤은 0이 될 수 있을뿐더러 급속히 손실로 전환될 수 있다. 그렇기 때문에 경영자는 단지 자신의 지위를 향상시키기 위해서라기보다 자신을 파멸로부터 구하기 위해 더 큰 노력을 기울일 것이다.

대중의 인식과 달리, 이윤은 가격인상이 아니라 생산비용을 절감하는 경제성과 효율성을 도입함으로써 얻어진다. 독점 상황이 아닌 이상, 한 산업의 모든 회사가 이익을 내는 일은 장기적으로 거의 일어나지 않는다. 동일한 상품이나 서비스에 대해 모든 회사가 부과하는 가격은 동일해야 한다. 더 높은 가격을 부과하려는 사람은 구매자를 찾지 못한다. 따라서 가장 큰 이윤은 가장 낮은 생산비용을 달성한 회사에 돌아간다. 이처럼 비용이 더 높은 비효율적인 회사의 희생으로 더 효율적인 회사가 성장하는 것이 소비자와 대중에게는 도움이 된다.

요컨대 이윤은 비용과 가격의 관계에서 비롯되며, 어떤 상품을 만드는 것이 가장 경제적인지 알려줄 뿐만 아니라, 상품을 가장 경제적으로 만드는 방법이 무엇인지도 알려준다. 이러한 질문에 대한 답은 자본주의뿐만 아니라 사회주의 체제에서도 반드시 발견해야 한다. 생산되는 재화와 서비스 양이 셀 수 없이 많기 때문에 경쟁적인 자유기업 체제 아래서는 이윤과 손실에 의해 제공되는 해답이 그 어떤 다른 방법보다도 우수하다고 할 수 있다.

나는 그동안 생산원가를 줄이는 경향에 중점을 둬왔는데, 왜냐하면 그것이 가장 과소평가를 받는 손익의 기능이기 때문이다. 물론 경쟁자보다 더 훌륭한 제품을 만들고, 더 효율적으로 만드는 사람에게도 큰 이윤이 돌아간다. 그러나 우수한 품질과 혁신을 촉진하고 보상하는 이익의 기능은 항상 인정돼왔다.

인플레이션은
최악의 세금이다

어떤 정책에 의한 특정 결과는 '인플레이션이 없는 한'이라는 조건 아래 만들어진다. 나는 이따금 독자들에게 이 사실을 경고해야 한다는 걸 깨닫곤 한다. 공공사업과 신용 부분에 대해 이야기하면서 나는 인플레이션에 의해 유발되는 복잡한 문제는 나중으로 미루겠다고 말했었다. 하지만 통화와 통화정책은 모든 경제적 과정과 매우 밀접하고 때로는 불가분의 관계에 있어서, 단지 설명을 위한 목적이라 해도 분리하기가 아주 어렵다. 그리고 여러 가지 정부정책이나 노동조합의 임금정책이 고용, 이윤 및 생산에 미치는 영향을 살펴볼 때 서로 다른 통화정책이 어떠한 효과를 내는지는 반드시 고려돼야 한다.

특정한 상황에서 인플레이션의 결과가 어떻게 나타나는지 살펴보기 전에 인플레이션의 일반적인 결과를 살펴보도록 하자. 또 그 이전에 우리가 왜 지속적으로 인플레이션에 의존해왔는지, 왜 그것이 아득한 옛날부터 대중적인 지지를 받았는지, 그리고 왜 인플레이션의 매력적이지만 위험한 유혹이 수많은 국가를 끌어들여 차례로 경제적 재난의 길에 빠트렸는지 질문해보는 것이 바람직해 보인다.

가장 명백하면서도 가장 오래되고 가장 완고한 인플레이션에 대한 오류는 '화폐'와 '부'를 혼동하는 것이다. 애덤 스미스는 2세기도 전에 다음과 같은 글을 썼다. "부가 화폐 혹은 금이나 은으로 이뤄졌다는 개념은 거래의 도구와 가치의 척도라는 화폐의 이중적인 기능에서 자연스럽게 비롯됐다⋯⋯. 부자가 되는 것은 화폐를 획득하는 것이다, 간단히 말해 부와 화폐는 통상적으로 동의어라고 할 수 있다."

물론 진정한 부는 생산되고 소비되는 것, 즉 우리가 먹는 음식, 입는 옷, 우리가 사는 집으로 구성된다. 철도와 도로와 자동차, 배와 비행기, 공장, 학교와 교회와 극장, 피아노, 그림, 책이 실질적인 부다. 그러나 화폐와 부를 혼동하게 하는 언어적 모호성이 너무나 강력해서, 때로는 그 차이를 잘 인식하는 사람들조차 추론 과정에서 무의식적으로 혼란에 빠져들곤 한다. 일반적으로 한 사람이 더 많은 돈을 가지고 있으면, 그 사람이 다른 사람들로부터 더 많은 것을 살 수 있다고 생각한다. 만약 그가 두 배의 돈을 갖고 있으면 그는 두 배의 물건을 살 수 있을 것이다. 만약 돈을 세 배 더 갖게 되면 그는 세 배에 해당하는 가치를 지니게 될 것이다. 그리고 만약 정부가 더 많은 화폐를 발행해서 모든 사람에게 분배하면 우리 모두 그만큼 더 부유해져야 한다는 결론도 명백해 보인다.

이들은 가장 순진한 인플레이션주의자들이다. 조금 덜 순진한 두 번째 집단은 정부가 단지 돈을 찍어내기만 해도 우리의 모든 문제를 해결할 수 있다고 생각한다. 다만 그들은 돈을 찍어내서 문제를 해결하는 방식을 쓸 때는 반드시 제어장치가 있어야 한다고 생각한다. 그래서 어떤 식으로든 정부가 추가로 발행할 수 있는 자금의 양을 제한하려고 한다. 그들은 화폐의 '부족분' 혹은 '격차gap'를 메우기에 충분한 만큼만 화폐를 발행해야 한다고 이야기한다. 그들은 구매력이 만성적으로 부족하다고 생각한다. 왜냐하면 생산자들이 소비자로서 생산품을 되사기에 충분한 돈을 산업이 분배하지 않기 때문이다. 어딘가에서 불가사의하게 돈이 '유출'되고 있는 것이다. 어떤 집단은 이를 방정식으로 증명하기도 한다. 방정식의 한쪽에서는 한 항목을 한 번만 세고, 다른 한쪽에서는 자기도 모르게 몇 번을 중복해서 센다. 이로써 그들이 'A 지불액'이라고 부르는 것과 'A+B 지불액'이라고 부르는 것 사이에 놀라운 차이가 생긴다. 그래서 그들은 녹색 유니폼을 입고 잃어버린 B 지불액을 보충하기 위해 정부가 화폐를 발행하거나 신용을 늘려야 한다고 주장한다.

'사회적 신용' 옹호자가 터무니없어 보일 수도 있지만, 만성적 또는 주기적인 결핍이나 격차를 해결하기 위해 충분한 화폐나 신용을 공급해야 한다는 '과학적' 계획을 주장하는 더욱 정교한 인플레이션주의자 학파는 셀 수 없이 많다.

ılı

더 많은 것을 아는 인플레이션주의자들은 화폐의 양이 크게 증가하면 구매력이 감소한다는 것을 알아챈다. 바꿔 말하면, 통화량의 증가는 상품 가격의 상승으로 이어진다. 그러나 이러한 사실은 그들을 주저하게 만들지 못한다. 오히려 그 사실이 그들이 인플레이션을 원하는 이유다. 그들 중 일부는 통화량 증가에 따른 인플레이션이 부유한 채권자에 비해 가난한 채무자의 지위를 향상시킬 것이라고 주장한다. 또 다른 이들은 인플레이션이 수출을 촉진하고 수입을 억제할 것이라고 생각한다. 또 다른 이들은 통화량 증가가 불황을 치유하고, 산업이 다시 발전하기 시작하고 '완전고용'을 달성하기 위한 필수적인 조치라고 생각한다.[11]

은행의 신용을 포함해서 통화량 증가가 가격에 영향을 미치는 방식에 대해서는 셀 수 없이 많은 이론이 있다. 그러나 다른 한편에는 방금 살펴본 것처럼 통화량이 가격에 영향을 미치지 않고 얼마든지 증가할 수 있다고 생각하는 사람들이 있다. 그들은 이 증가된 돈이 모든 사람이 이전보다 더 많은 물건을 살 수 있도록 한다는 의미에서 모든 사람의 '구매력'을 증가시키는 수단으로만 본다. 그들은 두 배의 상품이 생산되지 않는 한 사람들이 전보다 두 배의 물건을 살 수 없다는 사실을 알지 못하거나, 혹은 생산량이 원하는 만큼 증가하지 못하는 이유가 인력, 근로시간 또는 생산능력의 부족에 있다고 생각하지 않고 오로지 통화 수요의 부족 때문이라고 생각한다. 만약 사람들이 상품을 구매하고자 하며 그 물건에 지불할 돈이 있다면, 그 물건은 거의 자동적으로 생산될 것이라고 가정한다.

몇몇 저명한 경제학자가 포함된 또 다른 학파는 통화 공급이 상품 가격에 미치는 영향에 대해 아주 엄격한 기계적 이론을 주장한다. 한 나라의 모든 통화는 그 나라의 모든 상품과 교환돼야 한다고 말이다. 따라서 총통화량에 유통속도를 곱한 값은 항상 구입한 모든 상품의 가치와 동일해야 한다. 따라서 (유통속도에 변화가 없다고 가정할 때) 화폐의 단위 가치는 유통되는 화폐량에 정확히 반비례해야 한다. 통화량과 은행 신용을 두 배로 늘리면 물가 수준은 정확히 두 배가 되고, 세 배로 증가시키면 물가 수준은 정확히 세 배가 된다. 즉 통화량이 n배 증가할 때 상품 가격 역시 n배 상승한다.

지금 이 그럴듯한 그림의 모든 오류를 설명할 여유는 없다.[12] 대신 통화량의 증가가 물가를 인상시키는 이유와 그 방법에 대해 살펴보도록 하자.

통화량의 증가는 특정한 상황에 발생한다. 정부가 세금 수익으로 (혹은 국민이 실제 저축으로 지불한 채권을 판매함으로써) 충당할 수 있는 것보다 더 많은 지출을 하기 때문에 통화량이 증가한다고 해보자. 예를 들어, 정부가 전쟁물자를 공급하는 업자들에게 지불하기 위해 돈을 발행한다고 가정해보자. 이러한 지출은 우선 전쟁물자의 가격을 높이고 전쟁물자 공급업자와 그 피고용인의 손에 새로 발행한 돈이 들어가는 효과를 낸다. (가격통제에 관한 장에서 단순화를 위해서 인플레이션으로 야기된 몇몇 복잡한 문제에 대한 설명을 뒤로 미뤘던 것처럼 지금 인플레이션을 살펴볼 때는 정부의 가격통제로 야기될 수 있는 복잡한 문제에 대한 설명은 생략하도록 하겠다. 가격통제는 이번 장에서 다루는 근본적인 분석에 차이를 주지 못한다. 가격통제는 '억압된' 인플레이션을 발생시키는데, 처음에는 몇 가지 악영향을 감소시키거나 숨겨주지만 이는 단지 후일의 결과를 더욱 악화시키는 역할을 할 뿐이다.)

전쟁물자 공급자들과 그 피고용인들은 더 많은 돈을 벌게 될 것이다. 그들은 늘어난 소득을 자신들이 원하는 특정 상품과 서비스에 소비할 것이다. 이 상품과 서비스의 판매자들은 수요증가로 인해 가격을 올릴 수 있을 것이다. 수입이 증가한 사람들은 해당 상품 없이 살기보다 더 높은 가격을 기꺼이 지불할 것이다. 그들에게는 과거보다 더 많은 돈이 있고, 따라서 1달러는 그들 각각에게 더 작은 주관적 가치를 지닐 것이기 때문이다.

전쟁물자 공급자들과 피고용인들을 그룹 A라고 부르고 그룹 A에 재화와 서비스를 공급하는 사람들을 그룹 B라고 부르자. 가격 상승과 매출 상승의 결과로 그룹 B는 이제 더 많은 재화와 서비스를 도매업자 그룹 C로부터 구입할 것이다. 수요 상승을 바탕으로 그룹 C는 상품의 가격을 인상하여 소득 상승을 이루고 그룹 D에 더 많은 지출을 하게 된다. 이러한 가격 및 수입의 증가가 전국을 뒤덮을 때까지 순환은 끊임없이 계속된다. 이 과정이 완료되면 거의 모든 사람이 화폐 관점에서 더 높은 수입을 얻게 될 것이다. 그러나 (재화와 서비스의 생산이 증가하지 않았다고 가정할 때) 상품과 서비스의 가격 또한 그에 따라 상승할 것이다. 그 나라는 이전보다 부유해지지 않는다.

그렇다고 해서 모든 사람의 상대적·절대적 부와 소득이 이전과 동일하게 유지된다는 의미는 아니다. 오히려, 인플레이션 과정은 서로 다른 그룹의 부와 소득에 각기 다른 영향을 준다. 가장 처음 돈을 받은 그룹이 가장 많은 혜택을 받는다고 할 수 있다. 예를 들어, 그룹 A의 소득은 상품과 서비스의 가격이 오르기 전에 증가하기 때문에 그룹 A는 소득 증가와 거의 비례하여 더 많은 상품과 서비스를 구입할 수 있다. 그룹 B의 명목소득은 가격이 이미 어느 정도 오른 후 나중에 상승할 것이다. 하지만 그룹 B 역시 증가된 명목소득으로 과거보다 더 많은 제품과 서비스를 구입할 수 있다. 하지만 아직 명목소득이 전혀 오르지 않은 그룹들은 과거보다 높은 가격을 지불하고 상품과 서비스를 구입할 수밖에 없다. 이는 그들이 전보다 더 낮은 생활수준으로 살아가야만 한다는 의미다.

이제 가상의 수치를 활용해 그 과정을 더 분명하게 살펴보자. 한 사회에 인플레이션으로 인해 순차적으로 명목소득의 증가 혜택을 얻는 생산자 A, B, C, D가 있다고 가정해보자. 그룹 A의 명목소득이 이미 30%나 올랐을 때, 그들이 구입하는 물건의 가격은 아직 전혀 오르지 않았다. 그룹 B의 소득은 20% 증가했지만, 가격은 여전히 평균 10% 증가했을 뿐이다. 그러나 그룹 C의 명목소득이 10% 늘었을 때 가격은 이미 15% 오른 후다. 그리고 그룹 D의 명목소득이 아직 전혀 증가하지 않았을 때 그들이 물건을 구입하며 지불해야 하는 가격은 평균 20%가 증가했다. 즉, 인플레이션으로 인해 더 높아진 가격이나 소득으로 이익을 얻는 생산자 그룹 A의 이익은 가격이나 임금을 마지막으로 올릴 수 있는 생산자 그룹 D가 (소비자로서) 입은 손실을 통해 이뤄진다.

몇 년 후에 인플레이션이 중단된다면, 최종적으로 이를테면 평균적인 25%의 명목소득 증가와 평균 25%의 물가상승이 모든 그룹에 공평하게 적용될 것이다. 그러나 그렇다고 해도 전환기의 손익 불균형은 상쇄되지 않는다. 예를 들어 그룹 D는 자신의 수입과 가격이 마침내 25% 올랐지만 인플레이션이 시작되기 전과 같은 양의 재화와 용역만을 구입할 수 있을 것이다. D는 자신의 소득과 가격이 전혀 인상되지 않은 전환기 중에 A, B, C라는 지역 내 다른 생산 그룹으로부터 구입한 재화와 용역에 최고 30%까지 더 많은 돈을 지불하면서 손실을 봤지만 이후에 이를 보상받을 길은 전혀 없다.

인플레이션의 핵심 메시지는 앞서 여러 번 언급했던 내용과 같다. 인플레이션은 실제로 한 이익집단에 단기간 동안 이익을 가져다줄 수 있지만, 다른 이들은 희생을 감수해야 한다. 그리고 결국에는 사회 전체에 파멸적 결과를 가져온다. 비교적 가벼운 인플레이션조차 생산구조를 왜곡시킨다. 다른 산업들을 희생시키면서 몇몇 산업을 지나치게 확장시킨다. 결국 자본의 잘못된 분배와 낭비를 초래하고, 인플레이션이 붕괴되거나 중단될 때 기계, 공장설비, 사무실 건물 등의 형태로 방향을 잘못 잡은 자본투자는 적절한 수익을 낼 수 없고 그 가치의 큰 부분을 잃을 수 있다.

인플레이션을 원활하고 부드럽게 중단시키고, 그에 따라 이후의 불경기를 피하기란 불가능하다. 일단 인플레이션이 시작되면 사전에 협의된 물가 수준에서 이를 멈출 수도 없다. 정치와 경제 양쪽 모두 통제가 불가능해질 것이기 때문이다. 누군가 25%의 가격인상이 50% 인상보다 두 배 더 혜택이 있고 100% 인상보다는 네 배 더 좋다고 확실한 설명을 하지 않는 한, 25%에서 물가인상을 멈춰야 한다고 주장할 수 없다. 인플레이션으로 큰 이익을 본 정치 압력단체들은 인플레이션의 지속을 주장할 것이다.

게다가 인플레이션 아래에서 화폐의 가치를 통제하기란 불가능하다. 앞서 살펴본 것처럼, 통화량과 물가의 인과관계는 결코 단순하거나 기계적이지 않기 때문이다. 예를 들어, 통화량이 100% 증가하면 통화단위의 가치가 50% 하락하리라고 미리 말할 수 없다. 이미 살펴봤듯 돈의 가치는 그것을 소유한 사람들의 주관적인 평가에 달려 있다. 그리고 그 가치평가는 각 개인이 소유한 화폐의 양에만 의존하지 않는다. 화폐의 질도 영향을 미친다. 금본위제가 아닌 한 전시에서는 국가의 화폐 단위 가치가 수량 변화에 상관없이 전쟁의 승패로 외환시장에서 결정될 것이다. 현재의 화폐가치는 미래의 통화량에 대한 기대에 따라 달라지기도 한다. 또한 재화의 투기적 거래와 마찬가지로 화폐에 대한 각 개인의 평가는 스스로의 생각뿐 아니라 다른 사람들의 평가에 영향을 받는다.

이 모든 상황은 일단 초인플레이션hyperinflation이 시작되면 통화가치가 통화량보다 훨씬 더 빠른 속도로 하락하거나 상승하는 이유를 설명해준다. 이 단계에 도달하면 재앙은 거의 피할 수 없고, 인플레이션에 대한 모든 계획은 수포로 돌아간다.

░░░

그럼에도 불구하고 인플레이션에 대한 열정은 결코 사라지지 않는다.

마치 어떤 국가도 다른 나라의 경험을 타산지석으로 삼지 못하고 어떤 세대도 앞선 세대의 고통으로부터 아무것도 배우지 못하는 것처럼 보인다. 모든 세대와 국가가 신기루를 계속 좇는다. 입안에 넣으면 재로 변하는 사해의 열매를 움켜쥔다. 수많은 환상과 신기루를 낳는 인플레이션의 특성 때문이다.

오늘날 인플레이션을 옹호하는 이들은 인플레이션이 '침체된 산업을 활성화'시키고 마침내 '완전고용'에 도달하게 해준다는 주장을 끊임없이 주장한다. 연못에 던져진 돌 때문에 만들어진 파동이 점점 더 확대돼가는 것처럼 인플레이션에 의해 새로운 구매력이 생겨나고, 이 구매력이 점차 광범위하게 영향을 넓혀간다는 가정을 한다. 그러나 앞 장에서 살펴본 것처럼 상품의 실질구매력은 단지 달러라고 불리는 종이를 더 많이 인쇄한다고 해서 놀랄 만큼 증가될 수 없다. 기본적으로 교환경제에서 일어나는 일은 A가 생산하는 것과 B가 생산하는 것을 교환하는 것이다.[13]

인플레이션은 실제적으로 가격과 비용의 관계를 변화시키는 작용을 한다. 인플레이션이 가져오는 가장 중요한 변화는 임금 대비 상품의 가격을 높여 기업의 이윤을 회복시키고, 가격과 비용의 균형을 통해 유휴자원이 더 이상 존재하지 않는 시점까지 생산을 늘리도록 장려하는 것이다.

사실 이러한 목표는 이른바 과도하게 높게 책정된 분야의 임금을 삭감함으로써 보다 직접적이고 정직하게 이뤄질 수 있다. 그러나 더 정교한 인플레이션 옹호자들은 이러한 조치가 현재 정치적으로 불가능하다고 믿는다. 그들은 때때로 더 나아가 실업을 줄이기 위해 특정 임금을 직접적으로 낮추자는 모든 제안이 '반노동자적'이라고 주장한다. 그러나 그들이 정말로 제안하고 있는 바는 물가상승을 통해 실질임금(즉, 구매력 측면에서의 임금률)을 낮추어 노동자를 속이는 것이다.

그들은 노동계 자체가 정교해졌다는 사실을 잊고 있다. 거대 노동조합들은 지수를 아는 경제학자들을 고용하고 있으며, 노동자들 역시 쉽게 속지 않을 만큼 지식이 늘었다. 그러므로 현 상황에서 그 정책은 경제적 목표나 정치적 목표를 달성하지 못할 듯하다. 강력한 노조들이 최소한 생활비 지수와 비례하여 임금이 인상돼야 한다고 주장할 것이기 때문이다. 강력한 노조의 주장이 우세하면 물가와 임금률 사이의 실현 불가능한 관계는 계속될 것이다. 사실 임금구조는 훨씬 더 왜곡될 수 있다. 조직화되지 않은 대부분의 비정규직 노동자는 인플레이션 이전에도 그다지 높은 임금을 받지 못했고, 인플레이션으로 인한 물가상승 기간에는 높아진 생활비 때문에 더욱 큰 고통을 받을 것이다.

∎∎∎

더 정교한 인플레이션 옹호자들은 솔직하지 못하다. 그들은 자신의 주장을 완전히 솔직하게 말하지 않는다. 그들은 자기 자신조차도 속인다. 그들은 단순한 인플레이션 옹호자들과 마찬가지로 화폐 그 자체가 인쇄기로 마음대로 만들어낼 수 있는 부의 한 형태인 것처럼 이야기하기 시작한다. 정부에 의해 발행되고 소비되는 1달러는 승수효과multiplier effect(어떤 경제요인의 변화가 다른 경제요인의 변화를 초래하고, 최종적으로는 처음보다 몇 배의 증가 또는 감소로 나타나는 총효과_옮긴이)에 의해 국가의 부에 마법처럼 몇 달러를 더한다고 진지하게 논의하기도 한다.

그들은 현재 경기침체의 실질적인 원인에 쏠리는 국민과 자신의 관심을 다른 곳으로 돌린다. 대부분의 경우 실제 원인은 임금비용과 가격 구조 내의 불균형에 있다. 즉, 임금과 가격, 원재료 가격과 완성품 가격, 한 제품의 가격과 다른 제품의 가격, 또는 한 사람의 임금과 다른 사람의 임금 사이에 적절한 균형이 이뤄지지 못해서 발생한다. 이러한 불균형은 어느 시점에서 생산에 대한 동기를 없애고 사실상 생산을 불가능하게 만든다. 그리고 교환경제의 유기적 상호의존성으로 인해 경기침체를 확산시킨다. 이러한 불균형을 바로잡기 전까지 완전한 생산과 고용은 달성될 수 없다.

사실 인플레이션은 때때로 이러한 상황을 수정할 수 있다. 하지만 이 방법은 성급하고 위험하다. 인플레이션은 공개적이고 정직한 방법으로 불균형을 수정하지 않고 착시현상을 이용한다. 실제로 인플레이션은 모든 경제 과정에 환상의 베일을 씌운다. 심지어 인플레이션 때문에 고통받는 사람들을 포함해서 거의 모든 사람을 혼란에 빠뜨리고 기만한다. 우리 모두는 소득과 부를 화폐로 측정하는 데 익숙하다. 이러한 정신적 습관이 너무 강해서 전문적인 경제학자와 통계학자조차도 그 습관을 일관되게 깨뜨릴 수 없다. 항상 명목이 아닌 실질적 상품 가격과 실질적 복지 관점에서 모든 관계를 살펴보기란 쉽지 않다. 우리 가운데 국민소득이 인플레이션 이전에 비해 (명목가치로) 두 배로 증가했다는 말을 들었을 때 더 부유해졌다고 느끼고 자랑스럽게 여기지 않을 사람이 있을까? 주급 75달러를 받던 점원이 이제 120달러를 받게 됐다면, 비록 그가 75달러를 받을 때와 똑같은 생활을 누리려면 두 배나 많은 돈이 들어도 어떤 면에서는 더 잘살게 됐다고 생각한다. 물론 생활비 인상을 그가 인지하지 못하는 것은 아니다. 하지만 그는 생활비 물가는 그대로지만 자신의 명목임금이 하락해서 구매력이 떨어졌을 때와 마찬가지로, 명목임금은 상승했지만 생활비 물가가 훨씬 더 많이 상승해서 구매력이 하락해도 자신의 실제 위치를 완전히 알지 못한다. 인플레이션은 그에게 수술의 고통을 무디게 해주는 자기암시, 최면술, 마취제다. 인플레이션은 사람들의 아편이다.

ıll

그리고 이것이 정확히 인플레이션의 정치적 기능이다. 현대의 '계획경제' 정부가 지속적으로 인플레이션에 의지하는 이유는 인플레이션이 모든 것을 혼란스럽게 하기 때문이다. 한 가지 예를 들면, 공공사업이 반드시 새로운 일자리를 창출한다는 믿음은 잘못이라고 앞에서 설명했다. 만약 그 돈이 세금으로 충당된다면, 정부가 공공사업에 돈 1달러를 지출하면 납세자는 1달러를 덜 소비하게 되고, 공공 일자리가 하나 더 생기면 민간 일자리가 하나 없어진다는 것을 보았다.

공공사업이 세금으로 충당되지 않는다고 가정해보자. 공공사업을 정부 차입금 혹은 화폐 발행을 통해 충당하면 어떤 결과가 나타날까?

아마도 방금 말한 것처럼 공공 일자리 하나가 생기고 민간 일자리 하나가 없어지는 결과가 발생하지는 않는 듯하다. 공공사업은 새로운 구매력을 통해 만들어진 것처럼 보인다. 납세자들에게서 구매력을 빼앗아 정부가 사용했다고 말할 수 없어 보인다. 지금 당장은 그 나라가 공짜로 뭔가를 얻은 것처럼 보인다.

하지만 지금부터 이 책의 주요 주제에 맞춰 더 장기적인 결과를 살펴보도록 하자. 그 국가 부채는 언젠가는 갚아야 한다. 정부는 계속해서 무한정 부채를 쌓을 수 없다. 만약 계속해서 부채를 쌓는다면 언젠가는 파산할 것이다. 1776년에 애덤 스미스는 다음과 같이 말했다.

> 국가 부채가 어느 정도 누적됐을 때, 그것이 공정하고 완전하게 상환된 예는 거의 없었다. 국가가 부채로부터 조금이라도 자유로워졌다면 그것은 항상 파산에 의해서였다. 때로는 실제 파산선언에 의해서, 때로는 거짓된 상환 형식을 띤 파산에 의해서.

공공사업 때문에 누적된 부채를 상환하려면 정부는 반드시 지출하는 것보다 더 많은 세금을 거둬들여야 한다. 그러므로 부채를 상환하는 동안에는 일자리가 창출되기보다는 더 많이 파괴된다. 또한 그때 요구되는 과도한 세금, 즉 더 높은 세율의 세금은 단순히 구매력을 빼앗을 뿐만 아니라 생산 동기를 낮추거나 파괴하여 국가의 총자산과 국민소득을 감소시킨다.

이러한 결론을 피할 수 있는 유일한 방법은 집권 정치인들이 불황기나 경기하강기에만 돈을 지출하고 호황기나 경기상승기에는 부채를 즉시 상환하는 것이다. (물론 정부 지출을 옹호하는 자들은 정부가 항상 이렇게 행동한다고 가정한다). 하지만 이는 터무니없는 희망사항에 불과하다. 불행하게도 권력 있는 정치인들은 그런 식으로 행동한 적이 없다. 게다가 경제예측은 매우 불확실하고 예측하는 과정에서 정치적 압박을 계속 받기 때문에, 정부는 그런 식으로 행동하지 않을 듯하다. 적자 지출은 일단 착수되면 모든 조건에서 그 지속을 요구하는 강력한 기득권층을 창출한다.

만약 누적된 부채를 상환하기 위한 어떠한 정직한 시도도 이뤄지지 않고 대신 인플레이션에 의존하기만 한다면, 그 결과는 우리가 이미 설명한 대로다. 국가 전체로 봤을 때 부채를 상환하지 않고는 아무것도 얻을 수 없기 때문이다. 인플레이션은 세금의 한 형태다. 심지어 일반적으로 가장 지불능력이 없는 사람들에게 가장 큰 부담을 주는 최악의 세금 형태이다. 인플레이션이 모든 사람과 모든 것에 평등하게 영향을 미친다고 가정한다면(이미 살펴봤듯 결코 사실이 아니다), 인플레이션은 빵과 우유 등 생필품에도 다이아몬드나 모피 같은 사치품과 동일한 세율을 부여하는 균등판매세falt sales tax 같은 역할을 한다. 혹은 인플레이션은 모든 사람의 소득에 동일한 세율을 적용하는 균등소득세flat income tax로 여길 수도 있다. 인플레이션은 모든 개인의 지출뿐 아니라 저축계좌와 생명보험에도 부과되는 세금이다. 사실, 인플레이션은 가난한 사람이 부자들만큼 높은 세율을 적용받는 균등자본과세flat capital levy이다.

사실 상황은 이보다 훨씬 더 심각하다. 이미 살펴본 것처럼 인플레이션은 모든 사람에게 균등하게 영향을 미치지 않으며 그럴 수도 없기 때문이다. 어떤 사람은 다른 사람보다 더 큰 고통을 겪는다. 보통 가난한 사람이 부유층보다 인플레이션 때문에 더 무거운 세금을 적용받는다. 왜냐하면 그들은 투기적인 부동산이나 골드바 등 실질자산 구입으로 자신들을 보호할 동등한 수단을 마련하지 못했기 때문이다. 인플레이션은 세무당국이 통제할 수 없는 종류의 세금이다. 따라서 인플레이션은 모든 방향에 악영향을 끼친다. 인플레이션에 의해 부과되는 세율은 고정된 것이 아니다. 그것은 미리 결정될 수 없다. 우리는 오늘의 인플레이션은 알지만 내일의 인플레이션은 알지 못한다. 또한 내일이 되면 그다음 날 무슨 일이 일어날지 모른다.

다른 모든 세금과 마찬가지로, 인플레이션은 우리 모두가 따라야 하는 개인 정책과 기업 정책을 결정하는 작용을 한다. 인플레이션은 모든 근검절약과 절제를 저해하고, 낭비, 도박, 무모한 소비를 조장한다. 인플레이션은 종종 생산보다 투기의 수익성을 높인다. 인플레이션은 모든 안정된 경제관계의 전체 구조를 완전히 망가뜨린다. 인플레이션은 사람들을 극단적인 궁여지책으로 몰아가며, 파시즘과 공산주의의 씨앗을 심는다. 인플레이션은 사람들로 하여금 전체주의적 통제를 요구하도록 이끈다. 인플레이션은 반드시 심한 환멸과 붕괴로 끝난다.

저축을 많이 하면
경제가 잘 돌아가지 않는다?

아주 오랜 옛날부터 지혜를 담은 격언은 저축의 미덕을 가르치고 낭비와 방탕의 결과를 경고했다. 이러한 격언의 내용은 단순히 돈을 쓸 때 신중해야 한다는 것뿐 아니라 인류 생활에 일반적으로 적용되는 윤리적 판단기준을 반영한 것이다. 하지만 그럼에도 항상 낭비하는 자들이 있었고, 그들의 낭비를 합리화하는 이론가 역시 함께 존재해왔다.

고전학파 경제학자들은 당대의 오류를 반박하는 과정에서 저축정책이 개인에게는 물론이고 국가에도 가장 이득이 된다는 것을 설명해 보여줬다. 그들은 합리적인 절약가가 자신의 미래를 위해 저축하는 과정에서 사회 전체에 도움을 준다고 했다. 하지만 예전부터 지속되어온 저축과 검소함의 미덕과 이를 지지하는 고전학파 경제학자들의 이론은 오늘날 새로운 논리로 다시 한번 공격을 받고 있고, 정확히 반대되는 소비학설 이론이 유행하고 있다. 근본적인 문제를 되도록 명확하게 설명하기 위해서, 바스티아가 사용하는 고전적인 사례로 이야기를 시작해보겠다.

두 형제가 있었다. 한 사람은 돈을 헤프게 쓰고 한 명은 돈을 신중하게 썼으며, 두 명 모두 돈을 상속받아 각각 연간 5만 달러의 수입을 올린다고 상상해보자. 우리는 그들이 납부해야 하는 소득세나 두 형제 모두 생계를 위해 일해야 하는지, 아니면 소득의 대부분을 자선단체에 기부하는지에 대해서는 알 필요가 없다. 그러한 질문은 우리의 현재 목적과 무관하기 때문이다.

앨빈은 둘 중 형인데 낭비벽이 심하다. 내키는 대로 돈을 쓰는 것 같지만 그의 소비에는 나름대로의 원칙이 있다. 그는 19세기 중반에 다음과 같이 주장한 로드베르투스Rodbertus의 철저한 신봉자다. "자본가가 저축을 하면 (…) 재고가 많이 쌓이고, 노동자는 일자리를 얻지 못하기 때문에 마지막 한 푼까지 사치와 향락을 위해 소비하라."14 앨빈은 매일 나이트클럽에 가서 즐기며 많은 팁을 준다. 집안에는 많은 하인을 두고 허세를 부리고 있다. 여러 명의 운전기사와 수많은 자동차도 소유하고 있다. 경주마와 요트도 갖고 있다. 그는 여행을 자주 하고, 그의 아내는 머리부터 발끝까지 명품으로 치장하고 있다. 친구들에게도 비싸지만 쓸모없는 선물을 자주 한다.

이 모든 것을 유지하기 위해 그는 자신의 자본(원금)을 소진해나가야만 한다. 저축이 죄악이라면 자본을 소진하는 낭비는 미덕이다. 그는 구두쇠 형제 벤저민이 저축으로 세상에 가한 손해를 보상하고 있는 것이다.

앨빈이 물품보관소 여직원, 웨이터, 레스토랑 주인에게, 그리고 모피상, 보석상, 호화로운 시설에서 최고의 인기를 누리고 있다는 것은 두 말할 필요가 없다. 그들은 앨빈을 공적 후원자로 여긴다. 그가 고용하고 주변에 뿌린 돈을 받은 사람에게 이는 명백한 사실이다.

그에 비하면 벤저민은 인기가 훨씬 적다. 그는 보석상이나 모피상, 나이트클럽에 좀처럼 보이지 않으며, 나이트클럽 매니저와 친분을 쌓지도 않았다. 앨빈은 매년 전체 소득 5만 달러를 소비할 뿐만 아니라 원금까지도 축내며 생활하는 반면, 벤저민은 아주 검소하게 살며 약 2만 5,000달러를 소비한다. 눈에 보이는 것만으로 판단하는 사람들은, 그가 앨빈의 절반도 채 안 되는 일자리를 제공하고 있고, 나머지 2만 5,000달러는 마치 존재하지도 않는 것처럼 쓸모없게 생각한다.

하지만 벤저민이 다른 2만 5,000달러로 실제로 무엇을 하는지 살펴보자. 그는 그 돈을 주머니, 사무실 서랍, 혹은 그의 금고에 쌓아두지 않는다. 은행에 예치하거나 투자한다. 은행은 그 돈을 사업체에 단기 영업자본으로 빌려주거나 아니면 유가증권을 사는 데 사용한다. 즉, 벤저민은 직접적으로 혹은 간접적으로 그 돈을 투자한 것이다. 투자된 돈은 주택, 사무실 건물, 공장, 선박, 트럭 또는 기계 등 자본재를 구입하거나 건설하는 데 사용된다. 어떤 프로젝트든 투자된 돈은 모두 직접적으로 소비하는 비용과 같은 양만큼 돈을 순환시키고 고용을 창출한다.

저축은 간단히 말해서 소비의 또 다른 형태일 뿐이다. 단지 차이점이 있다면 돈이 다른 사람에게 양도되어 생산을 증대시키는 데 사용된다는 점이다. 벤저민의 저축과 지출은 앨빈의 지출만큼 많은 고용을 창출하고 돈을 순환과정에 투입한다. 앨빈의 지출이 제공하는 고용은 누구나 쉽게 알아차릴 수 있다. 그러나 좀 더 주의 깊게 관찰하고 조금 더 깊이 생각해서 벤저민이 저축한 돈도 앨빈이 낭비한 돈과 같은 크기로 고용을 창출한다는 것을 깨달아야 한다.

10여 년이 흘렀다. 앨빈은 파산했다. 더 이상 나이트클럽과 패션상점에서 그를 볼 수가 없다. 그리고 그를 열렬히 칭송했던 예전 단골 상점 사람들은 그를 바보라고 부른다. 앨빈은 벤저민에게 구걸 편지를 쓴다. 그리고 저축과 지출을 거의 같은 비율로 유지하고 있는 벤저민은 투자를 통해 수입이 증가했기 때문에 그 어느 때보다도 더 많은 일자리를 제공할 뿐만 아니라 투자를 통해 더 나은 급여와 더 생산적인 일자리를 제공할 수 있도록 도왔다. 그의 자본재산과 수입은 더 커졌다. 간단히 말해, 그는 국가의 생산능력을 더했고 앨빈은 그러지 않았다.

∎∎∎

최근 몇 년간 저축에 관한 오해가 커져서 이 두 형제의 사례만으로는 모든 것에 대답할 수 없어졌다. 그 오해를 설명하는 데 좀 더 지면을 할애하도록 하겠다. 널리 알려진 경제 저술가의 책에서조차 아주 기본적인 내용을 혼동해서 생긴 초보적인 오류를 많이 발견할 수 있다. 예를 들어, 저축이라는 단어는 때로 단순히 돈을 쌓아두는 것을 의미할 때도 있고, 때로는 투자를 의미하기도 하는데 이 두 가지가 명확한 구분도 일관성도 없이 사용된다.

만약 사람들이 비이성적이고, 아무 이유 없이 그리고 대규모로 돈을 쟁여두기만 한다면 대부분의 경제상황에서는 사회에 아주 나쁜 영향을 끼친다. 하지만 이렇게 돈을 극단적으로 쟁여두는 경우는 아주 드물다. 이와 유사하지만 주의 깊게 구별해야 하는 돈의 쟁여두기가 있는데 이는 흔히 경기후퇴가 시작된 이후에 발생한다. 이때는 소비성 지출과 투자가 모두 줄어드는데, 소비자들이 일자리를 잃을까 봐 두려워하고 만약 일자리를 잃더라도 남은 자산으로 가능한 한 오래 구매력을 이어가기 위해 원치 않는 절약을 하기 때문이다.

그러나 소비자는 또 다른 이유로 구매를 줄인다. 상품 가격이 이미 하락하고 있고 곧 더 많이 하락하리라고 생각하는 경우다. 소비를 연기하면 같은 비용으로 더 많은 상품을 구입할 수 있을 거라고 생각하기 때문이다. 소비자는 그들의 자산을 가치가 하락하고 있는 상품의 형태로 보유하고 싶어 하지 않아하고, (상대적으로) 가치가 상승할 것으로 기대하는 화폐의 형태로 소유하기를 선호한다.

같은 이유로 그들은 투자하는 데도 주저한다. 그들은 사업을 통해 수익을 얻을 수 있다는 자신감을 상실했거나 적어도 몇 달 기다리면 주식이나 채권을 더 싸게 살 수 있다고 믿는다. 사람들은 가치가 떨어질지 모르는 상품을 소유하기를 거부하거나, 가치가 오를 것으로 보이는 돈 자체를 보유한다.

이런 일시적인 불매 행위를 저축이라고 부르는 것은 잘못이다. 이는 일반적인 저축과 동일한 동기에서 출발하지 않는다. 그리고 이런 종류의 절약이 불황의 원인이라고 말하는 것은 더욱더 심각한 오류다. 오히려 반대로 그것은 불황의 결과다.

이러한 불매 행위가 불황을 심화시키고 연장시킬 수 있다는 것은 사실이다. 정부가 사업에 변덕스럽게 개입하고 앞으로 정부가 무엇을 할지 기업이 예측할 수 없을 때, 불확실성이 발생한다. 이럴 때는 기업의 수익이 재투자되지 않는다. 기업과 개인은 현금을 은행에 쌓아놓는다. 그들은 비상사태에 대비해 더 많은 준비자금을 보유하고자 한다. 이렇게 현금을 쌓아두는 것이 이후 발생하는 경기침체의 원인처럼 보일 수 있으나, 진짜 원인은 정부정책에 의해 야기된 불투명성에 있다. 기업과 개인이 현금을 더 많이 보유하고자 한다면 이는 불확실성으로 인해 발생하는 결과의 연결사슬 중 일부일 뿐이다. '과다한 저축'을 경기침체의 원인으로 지목하는 것은 대풍작으로 인한 사과의 공급 증가 때문이 아니라, 소비자가 사과 값을 더 지불하기를 거부하기 때문에 사과 값이 떨어졌다고 탓하는 것과 같다.

그러나 일단 어떤 관습이나 제도를 비난하기로 마음먹으면 사람들은 관습이나 제도에 반대하는 논쟁이 아무리 비논리적일지라도 충분히 좋은 것으로 간주한다. 다양한 소비재 산업은 특정 수요에 대한 기대감으로 투자가 진행되는데, 만약 사람들이 과도하게 저축을 하면 이러한 기대를 저하시켜 불황이 시작될 것이라고 말한다. 이러한 주장은 우리가 이미 검토한 오류에 기초한다. 즉, 소비재consumers' good에서 절약된 것은 자본재capital goods에서 소비되고, 그 '저축'으로 총지출이 반드시 1달러 감소하지는 않는다. 이 논쟁에서 유일한 진실은 갑작스러운 변화는 그것이 무엇이든 불안할 수 있다는 것이다. 만약 소비자들이 갑자기 그들의 수요를 한 소비자의 재화에서 다른 소비자의 재화로 바꾼다면 사람들을 불안하게 만들 것이다. 이전에는 저축을 하던 사람이 갑자기 그들의 수요를 자본재에서 소비재로 바꾼다면 훨씬 더 불안해질 것이다.

저축에 대한 반대 주장은 또 있다. 그들은 저축을 완전히 어리석은 짓이라고 말한다. 19세기는 인류가 먹지도 않을 케이크를 저축으로 계속 더 크게 구워야만 한다는 학설이 주입됐다고 조롱을 받는다. 그들이 지적하는 사례는 그 자체로 순진하고 유치하다. 우리 앞에 실제로 일어나는 일에 대한 좀 더 현실적인 사례를 설명함으로써 그들의 주장을 반박해보자.

매년 생산량의 약 20%를 저축하는 국가를 상상해보자. 이는 미국에서 역사적으로 발생했던 순저축의 양을 크게 과장한 수치다.[15] 그러나 다루기 쉬운 대략적인 숫자고, 우리가 저축을 너무 많이 해왔다고 믿는 사람들이 품은 모든 의심을 해소해줄 만한 수치다.

이 연간 절약과 투자의 결과로, 국가의 연간 총생산량은 매년 증가할 것이다. (문제를 분리하기 위해 잠시 호황, 불황 또는 기타 변동은 무시하기로 한다.) 연간 생산량 증가율이 2.5퍼센트포인트라고 하자. (계산을 단순화하기 위해 복리퍼센트 대신 퍼센트포인트를 사용했다.) 예를 들어 11년 동안 우리는 다음 도표와 같은 지수를 얻을 것이다.

년	총생산	소비재 생산	자본재 생산
1년	100	80	20*
2년	102.5	82	20.5
3년	105	84	21
4년	107.5	86	21.5
5년	110	88	22
6년	112.5	90	22.5
7년	115	92	23
8년	117.5	94	23.5
9년	120	96	24
10년	122.5	98	24.5
11년	125	100	25

* 여기서는 저축과 투자가 이미 같은 속도로 진행되고 있다고 가정한다.

이 표에 대해 가장 먼저 알아야 할 것은 저축 때문에 매년 총생산이 증가하며, 저축이 없었더라면 매년 증가하지 않았으리라는 점이다. (물론 이전보다 가치가 떨어진 기계나 다른 자본재의 개선과 새로운 발명이 국가생산성을 증가시킬 것이라는 상상도 할 수 있다. 그러나 이러한 증가량은 매우 적으며, 어떤 경우든 그러한 주장 역시 기존 기계의 도입을 가능케 하는 충분한 사전투자를 전제로 한다.) 저축은 매년 기계의 수량을 늘리거나 기존 기계의 질을 향상시키는 등의 목적으로 사용돼 국가의 상품 생산량을 증가시켰다. 따라서 (어떤 이상한 이유를 들어 그 반대로 생각하더라도) 매년 케이크가 더 커지는 것은 사실이다. 그렇다고 매년 그해 생산된 모든 케이크가 소비되는 것은 아니지만 소비하는 데 불합리하거나 누적된 제약은 없다. 따라서 매년 더 큰 케이크가 실제로 소비된다. 표를 보면 11년째 되는 마지막 해에 연간 소비자 케이크는 첫해의 소비자와 생산자 케이크를 합한 것과 같다. 게다가 상품을 생산하는 능력인 자본설비, 즉 재화를 생산하는 능력 자체는 첫해보다 25%나 늘어났다.

이제 몇 가지 다른 지점을 살펴보자. 국민소득의 20%가 매년 저축을 위해 쓰인다는 사실은 소비재 산업을 조금도 망치지 않는다. 첫해에 생산한 제품 중 80대만 팔렸다면(그리고 수요를 채우지 못해서 생긴 가격 상승이 없다면) 두 번째 해에 100대 팔리리라는 가정 아래 생산계획을 세울 만큼 어리석지는 않을 것이다. 소비재 업계는 저축률과 관련된 과거의 상황이 계속될 것이라는 가정에 맞춰 이미 조정돼 있는 셈이다. 대폭적인 저축 증가가 갑작스레 발생했을 때에만 불안이 야기돼고 상품이 팔리지 않은 상태로 남을 것이다.

그러나 이미 관찰했듯, 상당한 저축이 갑작스럽게 감소해도 마찬가지로 불안정이 자본재 산업에서 초래될 것이다. 이전에 저축을 위해 사용됐던 돈이 소비재 상품 구매에 투입된다면, 이는 고용을 증가시키지 않고 소비재 가격의 상승과 자본재 가격의 하락으로 이어진다. 순효과 측면에서 첫 번째로는 고용의 강제적 변화 및 자본재 산업에 미치는 영향으로 인해 고용이 일시적으로 감소하는 영향이 나타난다. 그리고 장기적으로는 그러지 않았더라면 달성할 수 있었을 수준 이하로 생산량을 줄이는 효과를 낳는다.

저축에 반대하는 주장은 여기서 그치지 않는다. 그들은 우선 저축과 투자를 구분하는데 이는 적절하다. 그러나 마치 그 둘이 독립적인 변수인데 우연히 동일한 결과를 가져오는 것처럼 이야기하는 것은 잘못이다. 이 저술가들은 음울한 그림을 그린다. 한쪽에는 자동적으로 무의미하게 그리고 어리석게 계속 저축을 하는 절약가가 있고, 다른 한쪽에는 이 저축을 흡수할 수 없도록 '투자 기회'가 제한돼 있다. 아아…… 그 결과는 경기침체다. 그들이 주장하는 유일한 해결책은 이러한 어리석고 해로운 저축을 정부가 수용해서, 비록 쓸모없는 도랑이나 피라미드 건설에라도 돈을 다 쓰고 고용을 제공하는 그들만의 프로젝트를 개발하는 것이다.

이 과정과 해결책에는 오류가 너무나 많아서 여기서는 몇 가지 주요 오류만 지적하겠다. 저축은 실제로 현금을 남몰래 쟁여둔 양만큼만 투자를 초과할 수 있다.[16] 오늘날 현대 산업사회에서는 양말이나 매트리스 아래에 동전과 지폐를 넣고 다니는 사람은 거의 없다. 그럴 가능성은 아주 적은데, 그렇다고 해도 이는 이미 기업의 생산 계획과 가격 수준에 반영돼 있다. 그것은 보통 누적되지 않는다. 괴상한 은둔자들이 죽고 그들의 현금 사재기가 발견돼 소멸되면서, 아마도 새로 발생하는 사재기와 상쇄될 것이다. 관련된 전체 금액이 사업활동에 미치는 영향은 아마 미미할 것이다.

이미 살펴봤듯, 저축은행이나 상업은행에 돈을 보관하면 은행은 돈을 빌려주고 투자하기를 간절히 바란다. 그들에게는 유휴자금을 가질 여유가 없다. 사람들이 현금 사재기를 늘리려고 하거나 은행이 이자를 포기하고 자금을 놀리는 경우는, 이미 말했듯 상품 가격이 폭락할 것이라는 두려움이 있거나 은행이 원금으로 너무 큰 위험을 감수할 것이라는 두려움이 있을 때뿐이다. 그러나 이는 현금 사재기가 경기침체를 촉발했다는 뜻이 아니라 이미 경기침체의 징후가 나타났고 그것이 현금 사재기를 초래했음을 의미한다.

이 무시할 수 있는 현금 보관과는 별도로 (그리고 심지어 이 예외조차도 돈 자체에 대한 직접적인 '투자'로 간주될 수 있다) 저축과 투자는 어떤 상품의 공급과 수요가 균형을 이루는 것과 같은 방식으로 서로 균형을 이룬다. 저축과 투자를 각각 새로운 자본의 공급과 수요로 정의할 수 있기 때문이다. 그리고 다른 상품들에 대한 수요와 공급이 가격에 의해 균형을 이루는 것처럼, 자본에 대한 수요와 공급은 이자율에 의해 균형을 이룬다. 이자율은 '빌려준 자본' 가격의 특별한 이름일 뿐이다. 다른 가격과 마찬가지로 이자율도 가격이다.

최근 몇 년 동안 복잡한 궤변과 그로 인한 재앙적인 정부정책으로 인해 이자율과 관련된 모든 문제가 너무나 끔찍하게 혼란스러웠기 때문에 사람들은 과도한 이자율에 대해 정신병적인 두려움이 있다. 이자율이 너무 높으면 수익성이 없어서 산업계가 새로운 공장과 기계에 투자하기 위해 돈을 빌리지 않을 것이라는 주장이 있다. 이 주장은 매우 효과적이어서 최근 수십 년간 모든 정부가 인위적으로 '저리자금' 정책을 추구해왔다. 그러나 자본에 대한 수요를 증가시키는 데만 관심을 두는 이러한 정책이 자본 공급에 미치는 영향을 간과하고 있다. 이는 한 집단에 미치는 정책의 효과만 보고 다른 집단에 미치는 영향은 잊는 오류의 또 다른 사례다.

위험성과 관련해 인위적으로 금리를 너무 낮게 유지하면 저축과 대출이 모두 줄어든다. 저금리를 지지하는 사람들은 금리와 상관없이 저축이 자동적으로 이뤄진다고 믿는다. 왜냐하면 부유층은 그 돈으로 할 수 있는 다른 것이 아무것도 없기 때문이다. 저금리 지지자들은 이자율이나 자금을 빌려주는 위험성과 관계없이 고정된 최소금액을 저축하는 개인의 소득 수준에 관해 끊임없이 이야기한다.

매우 부유한 사람의 저축 양은 적당히 부유한 사람의 저축 양보다 이자율의 변화에 훨씬 적은 영향을 받지만, 사실상 모든 사람의 저축은 이자율에 어느 정도 영향을 받는다. 극단적인 예에 근거해서, 이자율의 대폭적인 감소에도 실질 저축의 양이 감소하지 않을 것이라고 주장한다면 이는 저비용으로 효율적으로 생산하는 사람이 종전만큼 증가할 것이기 때문에 설탕 가격이 아무리 하락해도 총생산량은 감소하지 않을 것이라고 주장하는 것과 같다. 이 주장은 한계저축자를 간과하고 있고, 심지어 대다수의 저축자를 간과하고 있다.

사실상 인위적으로 금리를 낮게 유지하는 정책의 효과는 결국 다른 가격을 자연적인 시장가격 아래로 유지하는 효과와 동일하다. 수요를 증가시키고 공급을 감소시킨다. 즉, 자본에 대한 수요를 증가시키고 실물 자본의 공급을 감소시킨다. 이는 경제적 왜곡을 일으킨다. 인위적인 금리인하가 차입 증가를 부추긴다는 것은 분명한 사실이다. 이러한 정책은 인위적인 조건하에서만 지속될 수 있는 고도로 투기적인 벤처

기업을 장려하는 경향이 있다. 공급 측면에서는 정상적인 저축과 투자를 저해해 자본축적을 감소시킨다. 결과적으로 생산성 향상, 즉 그들이 그토록 촉진시키고 싶어 하는 '경제성장'과 '진보'를 둔화시킨다.

실제 저축 대신 통화나 은행 신용을 지속적으로 새로 주입해야만 이자율을 인위적으로 낮게 유지할 수 있다. 이는 물을 추가해서 더 많은 우유에 대한 환상을 만드는 것처럼 더 많은 자본에 대한 환상을 만들 수 있다. 그러나 이는 지속적인 인플레이션 정책이고, 분명히 누적된 위험을 수반하는 과정이다. 인플레이션이 역전되거나 멈추거나 또는 서서히 감소하면, 이자율은 상승하고 위기가 발생할 것이다.

처음에는 통화나 은행 신용을 새로 투입해서 일시적으로 금리를 낮출 수 있지만, 이 방법은 화폐의 구매력을 낮추는 경향이 있기 때문에 지속적으로 유지할 수 없고 결국 금리를 인상해야 한다는 점을 지적해야겠다. 대출자들은 그들이 현재 빌려준 돈이 그것을 되찾을 때인 1년 후에는 그 가치가 더 줄어든다는 것을 깨닫는다. 따라서 그들이 빌려준 화폐의 예상되는 손실을 보상하기 위해 정상적인 금리에 프리미엄을 더한다. 이 프리미엄은 예상 인플레이션 정도에 따라 높아질 수 있다. 이에 따라 1976년 영국 국채의 연간 이자율은 14%까지 상승했으며, 1977년 이탈리아 국채는 16%까지 올랐다. 또한 1974년 칠레 중앙은행의 대출금리는 75%로 치솟았다. 간단히 말해서, 저리자금 정책은 원래 경기변동을 개선하거나 예방하기 위해 고안됐으나 오히려 훨씬 더 격렬한 변동을 초래한다.

만약 정부가 인플레이션 정책을 통해 금리를 조작하려는 노력을 하지 않는다면, 늘어난 저축이 자연스럽게 이자율을 인하함으로써 그들 자신의 수요를 창출한다. 투자처를 찾는 저축의 공급이 늘어나면 저축하는 사람들은 낮은 이자율을 받아들일 수밖에 없다. 그러나 이자율이 낮아지면 더 많은 기업이 대출을 할 수 있게 된다. 그들이 대출금으로 산 새로운 기계나 공장에서의 예상수익이 빌린 자금에 지불해야 하는 이자를 초과할 가능성이 높기 때문이다.

ı‖

이제 내가 다루고자 하는 저축에 대한 마지막 오류에 도달했다. 그 오류는 바로 흡수될 수 있는 새로운 자본의 양에 고정된 제한이 있거나 심지어 자본 확대가 이미 한도에 도달했다는 빈번한 가정이다. 숙련된 경제학자가 그러한 견해를 가질 수는 있지만, 경제에 무지한 사람들 사이에서도 이 견해가 우세할 수 있다는 것은 믿을 수 없는 일이다. 17세기 산업화 이전의 세계와 구분되는 현대 세계의 거의 모든 부는 축적된 자본으로 구성됐다.

이 자본은 부분적으로 자동차, 냉장고, 가구, 학교, 대학, 교회, 도서관, 병원 그리고 모든 민간주택 등의 내구재라고 불리는 많은 것으로 이뤄져 있다. 세계 역사상 이런 것들이 충분했던 적은 없다. 순전히 숫자의 관점에서만 볼 때 충분한 집이 있었다 해도, 가장 좋은 집을 제외한 모든 곳에서는 끊임없이 질적 개선을 해야 한다.

자본의 두 번째 부분은 가장 딱딱한 도끼, 칼, 쟁기에서부터 가장 좋은 기계 공구, 가장 큰 전기 발전기 또는 입자가속장치, 또는 가장 잘 갖춰진 공장까지 모든 것을 포함하는 생산도구로 구성된다. 여기서도, 양적으로 그리고 특히 질적으로 확장에는 한계가 없다. 가장 낙후된 나라가 가장 발전한 나라만큼 기술적 장비를 갖출 때까지, 미국에서 가장 비효율적인 공장이 가장 최신의 그리고 가장 현대적인 생산수단을 갖춘 공장을 따라갈 때까지, 인간의 독창성이 더 이상 생산도구를 개선시킬 수 없는 지점까지 잉여자본은 없을 것이다. 이러한 조건 모두가 충족되지 않는 한, 더 많은 자본을 위한 공간은 무한할 것이다.

하지만 어떻게 추가자본이 흡수될 수 있을까? 무슨 돈으로 추가자본에 대한 대가를 지불할 수 있는가? 추가자본은 자체적으로 흡수되고 지불된다. 생산자들은 새로운 자본재에 투자한다. 즉, 그들은 새롭고 더 좋고 더 기발한 도구를 산다. 왜냐하면 이러한 도구들이 생산원가를 줄여주기 때문이다. 그 도구는 맨손으로는 결코 만들어낼 수 없는 상품(책, 타자기, 자동차, 기관차, 현수교를 비롯한 현재 우리 주변 대부분의 상품)들을 만들어내거나, 그것들의 생산량을 엄청나게 증가시키거나, 또는 (같은 이야기지만) 생산단가를 낮춘다. 그리고 모든 것을 아무런 비용 없이 생산할 수 있을 때까지, 생산단가를 낮출 수 있는 한도에는 제한이 없기 때문에 흡수될 수 있는 새 자본의 양에 부여할 수 있는 제한은 없다.

새로운 자본을 추가하여 생산단가를 꾸준히 낮추면 다음 두 가지 중 하나 또는 두 가지 결과 모두가 수반된다. 소비자가 구입하는 상품의 생산비용이 줄고, 새로운 장비를 사용하는 노동자의 임금이 증가된다. 새로운 자본이 노동의 생산성을 증가시키기 때문이다. 그러므로 새로운 기계는 직접 일하는 사람과 일반 소비자 모두에게 이익이 된다. 소비자들은 같은 돈으로 더 많고 더 나은 상품을 제공받거나, 혹은 같은 상품을 더 적은 돈으로 제공받아 그들의 실제 수입이 증가된다고 말할 수 있다. 새로운 기계를 사용하는 노동자라면, 실질임금은 물론 명목임금도 늘어난다. 대표적인 예가 자동차 산업이다. 미국 자동차 산업은 미국에서도 가장 임금이 높으며, 심지어 세계에서 가장 높은 임금을 지급한다. (1960년까지만 해도) 미국의 자동차 회사는 생산단가가 더 낮았기 때문에 나머지 국가들보다 자동차를 더 싸게 팔 수 있었다. 그 비밀은 자동차를 만드는 데 사용된 노동자 1인당 그리고 자동차 한 대당 자본이 세계 어느 곳보다도 더 많다는 데 있었다.

그럼에도 불구하고 우리가 이러한 과정의 막바지에 이르렀다고 생각하는 사람들이 있고,[17] 비록 그 과정의 마지막 단계는 아니더라도 저축을 통해 계속해서 자본을 늘리는 것이 어리석다고 생각하는 사람들이 있다.

지금까지의 분석을 보면 누가 진짜 바보인지 어렵지 않게 결정할 수 있을 것이다.

미국이 최근 몇 년 동안 세계 경제 리더십을 잃고 있는 것은 사실이지만, 이는 '경제적 성숙' 때문이 아니라 반자본주의적인 정부정책 때문이다.

결과를 추적하는 과학, 경제학

경제학은 지금껏 살펴봤듯이 부수적으로 발생하는 결과를 인식하는 과학이다. 경제학은 또한 일반적인 결과를 보는 과학이다. 경제학은 제안된 어떤 정책이나 기존 정책이 특정한 이해관계에 단기적으로 미치는 영향뿐만 아니라 일반적이고 전체적인 이해관계에 미치는 장기적인 효과를 추적하는 과학이다.

이것이 이 책이 특별히 관심을 기울였던 주제다. 우리는 처음에 골격을 살펴봤고, 그다음에 실용적이고 실질적인 적용 사례를 통해 살과 피부를 붙였다.

구체적인 사례를 이야기하는 과정에서 일반적인 힌트도 얻었고, 그로 인해 주제를 조금 더 명확하게 이해할 수 있게 됐다.

경제학이 결과를 추적하는 과학이라는 사실을 이해했다면 논리와 수학처럼 경제학도 피할 수 없는 함의를 인식하는 과학이라는 것을 알게 됐을 것이다.

우리는 이것을 대수학의 기본적인 방정식으로 설명할 수 있다. $x=5$일 때 $x+y=12$라고 하자. 이 방정식의 해 y는 7이다. 이 방정식은 사실상 y는 7과 같다고 우리에게 말해주는 것과 같다. 방정식이 y가 7이라고 직접적으로 이야기하지는 않지만 필연적으로 이를 암시한다.

이 기초적인 방정식을 통해 알 수 있는 사실은 수학에서 접할 수 있는 가장 복잡하고 난해한 방정식에서도 똑같이 적용된다. 바로 해답은 이미 그 문제 속에 있고 반드시 답을 구할 수 있다는 것이다.

그 결과는 때로 방정식을 풀어내는 사람에게도 놀라울 수 있다. 마치 하늘을 관찰하는 사람이 새로운 행성을 발견할 때 느끼는 전율과도 같은 새로움을 느낄지도 모른다. 발견에 대한 그의 감각은 그가 구한 해답의 이론적, 또는 실질적인 결과로 증명될 수 있다. 그러나 여기서 중요한 것은 그 대답이 이미 그 문제에 포함돼 있었다는 점이다. 단지 곧바로 알아볼 수 없을 뿐이다. 수학은 필연적이라고 해서 반드시 명백하고 쉽게 답을 발견할 수 있는 건 아니라는 사실을 상기시켜준다.

이 모든 것은 경제학에 동일하게 적용된다. 이런 점에서 경제학은 공학에도 비교될 수 있다. 어떤 문제가 있을 때, 공학자는 먼저 그 문제와 관련된 모든 사실을 확인해야 한다. 예를 들어, 두 지점을 잇는 교량을 설계한다면 먼저 두 지점 사이의 정확한 거리, 정확한 지형적 특성, 교량이 견뎌야 하는 최대 하중, 교량 건설에 사용될 강철 또는 다른 자재의 인장력 및 압축 강도, 교량에 가해질 무게 및 압력 등에 대해 먼저 알아야 한다. 이런 사실적인 연구는 이미 다른 사람들에 의해 행해졌고 정교한 수학 방정식이 도출됐다. 이 방정식을 활용하면 자재의 강도와

자재가 견뎌야 할 압박에 대해 알 수 있기 때문에 타워, 케이블, 대들보의 직경, 형태, 숫자 및 구조를 결정할 수 있다.

경제학자들은 이와 같은 방법으로 실무적인 문제를 해결해야 하기에 그 문제의 본질적인 사실과 그 사실로부터 얻어지는 유효한 추론을 모두 알아야 한다. 경제의 연역적인 측면은 사실 못지않게 중요하다. 철학자이자 시인인 산타야나Santayana가 논리학에 대해 한 말을 인용해보자. 이는 수학에도 똑같이 적용될 것이다. "진리로부터 나오는 빛을 추적하라. (…) 논리체계의 한 용어가 어떤 사실을 설명하는 것으로 알려지면, 그 용어와 관련된 전체 체계가 눈부시게 밝아진다."18

이제 끊임없이 발표되고 있는 경제적 진술의 필연적 결과를 아는 사람은 거의 없다. 경제를 구원하는 방법으로 신용 증가를 제시했다면, 이는 부채를 증가시켜서 경제를 구제할 수 있다고 말하는 것과 같다. 이는 같은 건물을 서로 반대편에서 보고 묘사하는 것과 같다. 번영에 이르는 방법으로 농산물 가격을 인상해야 한다고 주장한다면, 이는 도시 노동자들이 더욱 비싼 농산물 가격을 지불함으로써 번영에 이를 수 있다고 주장하는 것과 같다. 정부 보조금으로 국부를 증대시킨다는 이야기는 세금을 늘려서 국부를 증대시킨다는 말과 같다. 수출 증대를 주된 목표로 삼을 때 대부분은 결국 수입 증대를 주된 목표로 삼아야 한다는 사실을 모른다. 거의 모든 조건에서 경제회복을 이루는 방법으로 임금 인상을 제안할 때, 이는 생산비를 증가시켜서 경제를 회복하겠다는 말과 하등 다르지 않다.

그러한 제안에 동전의 양면처럼 다른 측면이 있기 때문에, 또는 그 다른 측면이 훨씬 덜 매력적으로 들리기 때문에, 필연적으로 원래의 제안이 모든 조건에서 불합리하다고 말하는 것은 아니다. 돈을 차입했을 때 얻을 수 있는 이익이 훨씬 커서 부채 증가의 피해가 작을 때도 있고, 특별한 군사적 목적을 달성하기 위해 정부 보조금이 꼭 필요할 때도 있다. 또한 특정 산업이 생산비 증가를 감당할 수 있을 때도 있다. 여기서 하고 싶은 말은 그 어떤 경우든 동전의 양면 모두를 고려하여 모든 결과를 연구해 결정해야 하는데 그렇지 못하다는 것이다.

그동안의 사례를 분석하면서 우리는 또 다른 부수적인 가르침을 얻었다. 바로 다양한 제안이 특정 집단에 단기적으로 미치는 영향뿐만 아니라 모든 집단에 장기적으로는 미치는 영향을 연구할 때, 보통은 단순한 상식으로 도출한 결과와 일치하는 결론에 도달한다는 것이다. 경제의 반쪽만을 보고 이해하는 유행에 익숙한 사람은 다음과 같은 생각에 쉽게 빠져든다. 창문을 깨뜨리고 도시를 파괴하는 것이 좋다, 불필요한 공공 프로젝트를 만드는 것은 결코 낭비가 아니다, 일을 할 수 있는 사람들을 한가하게 내버려두는 것은 위험한 일이다, 부의 생산량을 늘리고 인간의 노동력을 줄이는 기계를 두려워해야 한다, 한 국가가 다른 국가에 생산비보다 저렴하게 상품을 공급하면 부유해진다, 저축은 어리석거나 악하며 낭비가 번영을 가져온다 등등.

애덤 스미스는 "가정을 신중하게 경영하는 행위가 국가를 경영하는 데 어리석은 행위가 되는 경우는 거의 없다"라는 강력한 상식으로 그 시대 궤변가들에게 응답했다. 그러나 경제를 이해하는 능력이 부족한 사람들은 상황이 조금만 복잡해져도 갈피를 잡지 못한다. 그들은 어처구니없을 정도로 터무니없는 결론에 도달하고도 자신들의 추론을 재검토하지 않는다. 이 책의 독자들은, "깊이가 얕은 철학은 사람들의 마음에 종교를 가져오고, 깊이가 깊은 철학은 종교에 대한 사람들의 생각을 밝힌다"라는 베이컨Francis Bacon의 금언을 받아들일 수도 있고 그러지 않을 수도 있다. 그러나 깊이가 얕은 경제학은 방금 설명한 역설적이고 터무니없는 결론을 쉽게 이끌어내는 반면, 깊이 있는 경제학은 사람들을 상식으로 돌아오게 해준다. 깊이 있는 경제학은 모든 결과를 보기 때문이다.

ıll

연구를 하는 동안 나는 오랜 친구를 재발견했다. 바로 〈잊힌 사람Forgotten Man〉으로 유명한 윌리엄 그레이엄 섬너William Graham Sumner다. 아마도 섬너가 1883년 논문에 쓴 다음과 같은 글을 기억할 것이다.

> 잘못된 것으로 보이는 것 때문에 X가 고통을 받고 있다는 것을 관찰하자마자 A는 B와 그것에 대해 이야기하고, A와 B는 악을 제거하고 X를 돕는 법을 통과시키자고 제안한다. 그런데 그들이 제안한 법은 항상 C가 X를 위해 무엇을 할 것인지, 더 나은 경우에는 A,

B, C가 X를 위해 무엇을 할 것인지를 결정하게 만든다. 내가 하고 자 하는 일은 C를 살펴보는 것이다. 나는 C를 잊힌 사람이라고 부 른다. 그는 결코 기억되지 않는 사람이다. 그는 개혁가, 사회이론가 및 박애주의자의 희생자다. 그리고 나는 한 명의 인간으로서 많은 부담을 짊어진 그가 당신의 관심을 받을 자격이 충분하다는 것을 보여주고 싶다.

1930년대에 '잊힌 사람'이라는 문구가 부활했을 때, 이는 C가 아니 라 X에게 적용됐고, 여전히 X를 더 많이 지원하라는 요청을 받고 있던 C가 그 어느 때보다도 완전히 잊혔다는 것은 역사적 아이러니다. 정치 인들이 생색을 내는 대가로 관대한 지불을 해야 하는 사람은 바로 잊힌 사람 C이다.

ıl

지금까지의 이야기를 마치기 전에 한마디만 더 해야겠다. 우리가 살펴 봤던 근본적인 오류가 우발적이 아니라 체계적으로 발생한다는 것을 간과한다면 이 연구는 완전하지 않을 것이다. 사실 그 오류는 분업이 가 져온 거의 필연적인 결과다.

원시사회에서 또는 분업이 일어나기 전 개척자들 사이에서, 한 사 람은 자신이나 가족을 위해서만 일했다. 그가 소비하는 것은 그가 생산 하는 것과 정확히 같다. 그의 생산량과 그의 만족 사이에는 항상 직접적이고 즉각적인 관계가 있었다.

그러나 정교하고 세밀한 분업이 시작되면, 이러한 직접적이고 즉각적인 연결은 사라진다. 나는 내가 소비하는 모든 것이 아니라 그중 하나를 만든다. 나는 한 가지 물건을 만들거나 서비스를 제공함으로써 수입을 얻어 나머지 모든 필요한 것을 구입한다. 나는 내가 사는 모든 물건의 가격이 낮기를 바라지만, 내가 파는 물건이나 서비스의 가격은 높기를 바란다. 다른 모든 것이 풍부하게 공급되기를 바라지만, 내가 공급하는 것은 희소하기를 바란다. 다른 모든 것에 비해 내가 공급하는 제품이나 서비스가 희소할수록 내 노력은 더욱 큰 보상을 받을 수 있다.

이것이 반드시 나의 노력이나 생산량을 제한하겠다는 의미는 아니다. 만약 내가 그 상품이나 서비스를 제공하는 많은 사람들 중 하나고, 그 분야에 자유경쟁이 존재한다면 나 하나만 생산량을 제한한다고 해서 나에게 도움이 되지는 않을 것이기 때문이다. 만약 내가 밀을 재배한다고 가정하면, 나는 아주 많은 수확을 얻기를 바란다. 그러나 내가 오직 나의 물질적 복지에만 관심이 있고 인도주의적인 양심의 가책을 느끼지 않는다면, 나는 다른 모든 밀 재배자의 생산량이 가능한 낮기를 바랄 것이다. 왜냐하면 내 밀이 되도록 높은 가격을 받을 수 있도록 밀이 부족하기를 원하기 때문이다.

일반적으로 이러한 이기적인 감정은 밀의 총생산에는 아무런 영향을 미치지 않을 것이다. 경쟁이 존재하는 곳에서 각 생산자는 자신의 땅에서 가능한 가장 많은 수확량을 얻기 위해 최선을 다하는 수밖에 없다. (좋든 나쁘든 이타적인 힘보다 강력한) 이기적인 힘은 최대 생산량을 가져오는 동력이 된다.

그러나 만약 밀 농부나 다른 생산자 그룹이 경쟁을 제거하기 위해 단합할 수 있다면, 그리고 만약 정부가 그러한 과정을 허락하거나 장려한다면 상황은 변한다. 밀 재배업자가 정부 더 나아가 세계기구를 설득해 밀 재배면적을 비율에 따라 줄이도록 하면, 밀은 공급 부족으로 인해 가격이 상승할 것이다. 그리고 부셸당 가격인상이 생산량의 감소보다 비례적으로 더 클수록, 밀 재배자들 전체가 더욱 부유해질 것이다. 그들은 더 많은 돈을 벌어 다른 모든 것을 더 많이 살 수 있을 것이다. 하지만 다른 모든 사람은 사실 더 가난해질 것이다. 왜냐하면 다른 모든 것이 같다고 가정하면, 밀은 덜 얻으면서 그들이 생산하는 것을 더 많이 내줘야 할 것이기 때문이다. 결과적으로 국가 전체는 재배되지 않는 밀의 양만큼 더 가난해질 것이다. 눈에 밀 재배자만 보이는 사람들은 그들의 이익만 생각하고, 그 이득보다 훨씬 큰 손실은 계산에서 빼먹을 것이다.

이는 다른 모든 분야에도 적용된다. 만약 이상기후 때문에 오렌지 생산량이 갑자기 증가한다면, 모든 소비자는 혜택을 볼 것이다. 더 많이 생산된 오렌지 양만큼 세상은 더 부유해질 것이다. 오렌지 가격은 더 저렴해질 것이다. 그러나 사실 생산량의 증가가 가격의 하락보다 크지 않으면 오렌지 재배업자들은 전보다 더 가난해질 수 있다. 그런 상황에서 내 농장의 오렌지 작황이 평소보다 좋지 않다면 나는 분명히 과잉공급이 초래한 더 낮은 가격으로 손해를 볼 것이다.

새로운 발명과 발견, 혹은 취향의 변화는 공급의 변화에 적용되고, 이는 수요의 변화에도 마찬가지로 적용된다. 새로운 면화 수확기계는 면으로 만든 속옷과 셔츠의 비용을 낮춰 모든 사람의 일반적인 부를 증가시킬 수 있지만, 목화 따는 사람들의 고용은 감소한다. 더 빠른 속도로 더 좋은 천을 짜는 새로운 방직기는 수천 대의 오래된 기계를 쓸모없게 만들고 그 기계에 투자된 자본가치의 일부를 소멸시켜, 기계 소유주를 더 가난하게 만들 것이다. 비록 원자력 발전이 인류에게 상상할 수 없는 축복을 줄 수 있을지라도, 석탄 광산과 유정 소유주들에게는 두려움의 대상이다.

누군가에게 해를 끼치지 않는 기술적인 향상이 없는 것처럼, 대중의 취향이나 공중도덕의 변화도 그것이 더 좋은 방향으로 움직이는 개선이라 할지라도 누군가에게는 해를 끼친다. 금주하는 사람들의 증가는 바텐더 수천 명의 실직을 의미할 것이고, 도박의 감소는 도박장 제공자나 도박 정보 제공자들이 좀 더 생산적인 일자리를 찾아 떠나도록 만든다. 남자들이 정조를 지킬수록 세계에서 가장 오래된 직업은 사라질 것이다. 하지만 공공도덕의 급격한 향상으로 인해, 악덕을 방조하는 악한 사람들만 피해를 본다고 생각하면 안 된다. 그러한 부도덕을 개선하는 것이 본업인 사람들도 큰 피해를 입는다. 목사들은 불평할 것이 줄어들 것이다. 개혁가들은 그들의 존재 이유를 잃을 것이다. 그들의 봉사에 대한 요구와 공헌에 대한 지원은 줄어들 것이다. 범죄자가 없다면 변호사, 판사, 소방관이 더 적어야 하고, 교도관, 자물쇠 수리공이 없어야 하며, 심지어 경찰도 필요 없다.

간단히 말해, 분업체제 아래에서 자본을 투자하거나 힘들게 기술을 습득한 사람들에게 일시적으로나마 해를 끼치지 않고 다른 사람의 더 큰 욕구를 충족시키는 방법을 생각하기는 어렵다. 만약 모든 집단이 완전히 동일하게 발전한다면, 사회 전체의 이익과 특정 그룹의 이익 사이의 반목은 발생하지 않을 테고 만약 일어난다고 해도 심각한 문제가 생기지는 않을 것이다. 예를 들어 나의 밀 수확량과 같은 비율로 세계의 밀 수확량이 많이 증가했고 오렌지와 다른 모든 농산물의 수확량이 그에 상응하여 증가하고 모든 공산품의 생산량이 증가하여 그 생산단가가 하락한다면, 나는 밀 재배자로서 전체적인 밀 수확량의 증가로 고통을 받지 않을 것이다. 내가 받는 밀 1부셸의 가격은 떨어질지도 모른다. 또한 증가된 생산으로 얻을 수 있는 수입도 줄어들 수 있다. 하지만 다른 모든 생산물도 공급 증가로 인해 가격이 저렴해졌고 다른 사람의 생산물을 싸게 살 수 있기 때문에 나는 불평할 이유가 없다. 만약 다른 모든 사람의 생산물 가격이 내 밀과 정확히 같은 비율로 하락한다면 나는 사실 총수확량의 증가에 비례해서 더 잘살게 될 것이다. 그리고 마찬가지로 다른 모든 사람도 모든 상품과 서비스의 공급 증가에 비례해 혜택을 얻는다.

그러나 경제 발전은 결코 이처럼 완전히 균일하게 진행된 적이 없고, 앞으로도 그렇지 않을 것이다. 발전은 지금은 A생산 분야에서만 진행되고, 또 다른 때에는 B분야에서만 진행되기도 한다. 만약 내가 종사하는 분야의 생산물 공급이 갑작스럽게 증가하거나 새로운 발명이나 발견이 내가 생산하는 생산물을 더 이상 필요 없게 만든다면, 사회 전체적으로는 이득이지만 내가 속한 생산 그룹에는 비극이다.

요즘은 가장 공정하다고 자처하는 사람들조차도 공급 증가나 새로운 발견에 따른 폭넓은 이익보다 일부 종사자들의 집중된 손실에 더 주목하는 경향이 있다. 모두에게 더 싼 커피가 풍부하게 공급되고 있다는 사실은 잊어버리고, 단지 일부 커피 재배자들이 더 낮은 가격 때문에 생계를 유지할 수 없다는 것만 본다. 새 기계가 도입돼 낮은 비용으로 더 많은 신발을 생산했다는 것은 잊고, 한 무리의 사람들이 실직했다는 것만 본다. 이러한 집단의 곤경을 인정하고, 동정적으로 대하는 것은 당연하다. 사실 이는 문제를 완전히 이해하는 데 필수적이다. 우리는 전문화된 진보로부터 얻는 이익의 일부를 희생자들이 다른 곳에서 생산적인 역할을 찾도록 돕는 데 사용할 수 없는지 알아보려 노력해야 한다.

그러나 공급을 임의로 감소시키거나 더 이상의 발명이나 발견을 막거나 가치를 잃은 서비스를 계속하는 사람들을 지원하는 것은 결코 해결책이 아니다. 세계는 보호관세 부과, 기계의 파괴, 커피의 소각, 수많은 규제 계획을 지속적으로 실행해왔다. 이는 희소성을 통해 부를 증가시킨다는 미친 이론이다.

특정한 생산자 집단만 따로 놓고 생각하면 이 가설은 사실이다. 즉, 그들이 사야 하는 모든 물품을 풍부하게 유지하면서도 그들이 팔아야 할 한 가지를 부족하게 만들 수 있다면, 그들에게는 이 원칙이 항상 사실일 수 있다. 그러나 전체 사회로 본다면 이 가설은 거짓이다. 결코 전체적으로 적용할 수 없다. 이 가설의 전체적 적용은 경제적 자살행위이기 때문이다.

가장 일반적인 형태의 원칙은 이러하다. 우리가 하나의 경제집단을 집중적으로 볼 때 사실처럼 보이는 많은 것이 생산자로서만이 아니라 소비자로서 모든 사람의 이익을 입체적으로 고려하면 망상으로 보인다.

단편적이 아니라 총체적으로 문제를 보는 것, 그것이 경제 과학의 목표다.

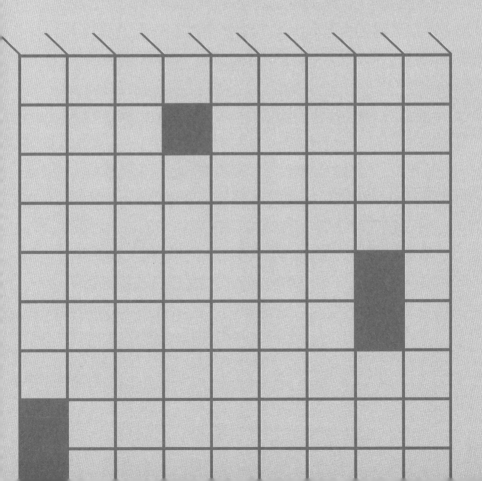

PART 3

더 늦기 전에

30년 후의 이야기

이 책의 초판은 1946년에 출판됐다. 내가 이 글을 쓰는 지금 그로부터 32년이 지났다. 그 기간 동안 책의 앞부분에서 자세히 설명했던 것들이 사람들에게 얼마나 도움이 됐을까?

이른바 정치인, 즉 정책을 만들고 시행하는 책임을 지는 모든 이들은 실질적으로 그중 어느 것도 배우지 못했다. 오히려 앞서 분석한 정책들은 이 책이 처음 나왔을 때보다 훨씬 더 깊이 정립되고 미국뿐 아니라 전 세계에 널리 퍼졌다.

인플레이션을 두드러진 예로 들 수 있다. 인플레이션은 그 자체로 정책일 뿐만 아니라 그 외 대부분의 개입주의 정책의 불가피한 결과물이다. 인플레이션은 오늘날 도처에 있는 정부 개입의 보편적인 상징이다.

초판에서는 인플레이션의 결과에 대해 설명하긴 했지만 당시 인플레이션은 비교적 미미했다. 사실, 1926년의 연방정부 지출은 30억 달러 미만이었고 흑자 재정이었지만, 1946년 회계연도에는 지출이 550억 달러로 증가했고 160억 달러의 적자가 있었다. 전쟁이 끝난 1947년 회계연도에 지출은 350억 달러로 떨어졌고 흑자는 거의 40억 달러에 이르렀다. 그런데 1978년 회계연도에 지출은 4,510억 달러, 적자는 490억 달러로 급증했다.

이 모든 변화는 엄청난 양의 통화량 증가를 동반했는데, 1947년에 1,130억 달러였던 요구불예금과 민간 현금통화의 합이 1978년 8월에는 3,570억 달러로 엄청나게 증가했다. 다시 말해, 그 기간 동안 통화공급이 세 배 이상 늘어난 것이다.

통화의 증가는 급격한 물가상승을 초래했다. 1946년의 소비자 물가지수는 58.5였다. 그런데 1978년 9월에는 199.3이었다. 간단히 말해서, 물가도 세 배 이상 올랐다.

앞에서 이야기한 대로 인플레이션 정책은 부분적으로는 그 자체가 특정 목적을 위한 정책이다. 존 케인스의 《일반이론The General Theory》이 출간된 지 40년이 넘었고, 그 책이 분석과 경험에 의해 철저히 신빙성을 잃은 지 20년이 넘도록 우리 정치인 중 상당수는 여전히 현존하는 실업을 줄이기 위해 더 많은 적자재정을 끊임없이 권장하고 있다. 끔찍한 아이러니는 연방정부가 이미 지난 48년 중 41년간 적자를 냈고 그 적자가 연간 500억 달러에 이르렀음에도 그런 권고를 하고 있다는 점이다.

더욱 아이러니하게도, 미국 관료들은 국내에서 이런 비참한 정책을 실행하는 데 만족하지 않고 특히 독일과 일본을 비롯한 다른 나라에 이러한 확장정책을 따르지 않는다고 비난하고 있다. 이 사례는 이솝우화에서 한 마리 여우가 꼬리를 잃고는 모든 동료 여우들에게 그들의 꼬리를 잘라내라고 종용한 이야기를 떠오르게 한다.

케인스 신화를 유지할 경우 발생할 가장 나쁜 결과 중 하나는 그것이 더욱더 큰 인플레이션을 조장할 뿐만 아니라 노조에 의한 과도한 임금, 최저임금법, 너무 장기적으로 지급되는 실업급여, 그리고 지나치게 관대한 구제금 등 우리 실업의 진짜 원인으로부터 다른 곳으로 관심을 체계적으로 돌린다는 것이다.

인플레이션은 의도적으로 발생하기도 하지만, 오늘날에는 주로 정부의 다른 경제개입의 결과로써 발생한다. A에게서 돈을 빼앗아 아낌없이 B에게 주기 위한 모든 정책, 즉 재분배의 결과이다.

1970년대 초 의회 위원회에서 제안되고 심각하게 고려된 연간소득보장guaranteed annual income처럼 이 모든 과정이 어느 한 가지 수단에 의해 실행됐다면 그 과정을 추적하기 더 쉬울 것이고 그 파괴적인 영향을 폭로하기도 더 쉬울 것이다. 연간소득보장은 평균 이상의 모든 소득에 더 무자비하게 세금을 부과하여 마련한 재원으로 최저 빈곤선 이하의 소득을 올리고 있는 모든 사람들에게 그들이 일할 의사가 있건 없건 간에 사람으로서 존엄하게 살아갈 수 있도록 소득을 보장해주자는 제안이었다. 이 제안보다 더욱더 명확하게 근로의욕을 저해하고 생산을 위축시켜 결국에는 모두를 빈곤에 빠뜨리는 제안은 생각하기 어려울 것이다.

그러나 정부는 연간소득보장처럼 명백하고 빠르게 파멸을 초래하는 단 하나의 조치를 통과시키는 대신, 이러한 재분배에 영향을 미치는 100개의 법을 부분적이고 선별적으로 제정하는 편을 선호해왔다. 이러한 조치는 일부 빈곤한 집단을 완전히 놓칠 수도 있지만, 다른 집단에는 여러 종류의 혜택, 보조금, 그리고 다른 지원금을 쏟아부을 수도 있다. 그 수단을 무작위로 나열해보자면 사회보장제도, 노인의료보험제도, 저소득자 의료보험, 실업급여, 푸드 스탬프, 퇴역군인 복리후생, 농업 보조금, 주택 보조금, 임대료 보조금, 학교 급식 제공, 공공 일자리 창출, 자녀부양가족지원, 노인, 시각장애인, 기타 장애인에 대한 직접적인 구제금 지급이 포함된다. 연방정부는 미국 내에서 연방정부의 보조를 받는 노인, 맹인 및 장애인 등이 약 400만 명 이상이라고 추정했다. 주정부나 시정부에서 시행하는 조치는 제외한 수치다.

한 저술가가 최근 44개 이상의 복지 프로그램을 조사했는데, 1976년 복지 프로그램에 대한 정부 지출 총액은 1,870억 달러였다. 1971년에서 1976년 사이에 이러한 프로그램의 전체 연평균 성장률은 25%였고 같은 기간 동안 추정되는 국민총생산 증가율의 2.5배였다. 1979년의 예상지출은 2,500억 달러 이상이다. 복지지출의 엄청난 증가는 국민 복지산업의 발전을 가져왔는데, 이제는 500만 명의 공공 및 민간 노동자가 5,000만 명의 수혜자들에게 돈과 서비스를 분배하는 일에 종사하고 있다.[19]

거의 모든 서구 국가들은 이와 유사한 (때로는 좀 더 통합적이고 덜 무계획적이기도 하지만) 일련의 원조 프로그램을 시행하고 있다. 그리고 이를 유지하기 위해서 점점 더 과중한 세금을 거둬들이고 있다.

영국을 대표적인 예로 들 수 있는데, 영국 정부는 근로 및 사업소득의 83%까지, 투자소득은 98%까지 과세해왔다. 이 조치가 노동과 투자를 위축시켜서 고용을 심각하게 저해했다는 것이 놀라운 일일까? 고용을 단념시킬 수 있는 확실한 방법은 고용주를 괴롭히고 처벌하는 것이다. 임금을 낮게 유지할 수 있는 확실한 방법은 새롭고 더 효율적인 기계와 장비에 투자하고자 하는 모든 동기를 파괴하는 것이다. 하지만 이러한 방법이 점점 더 많은 곳에서 정부정책이 돼가고 있다.

아무리 세율을 높여도 무모하게 증가하는 정부 지출과 부의 재분배 계획을 달성하기에 충분한 재정수입을 얻을 수는 없다. 그 결과 만성적이고 계속해서 증가하는 정부 예산 적자가 초래됐고, 지속적으로 치솟는 인플레이션이 세계 거의 모든 나라에서 발생했다.

지난 30여 년간 뉴욕 씨티은행은 인플레이션에 대한 기록을 10년 주기로 기록해왔다. 이 계산은 개별 정부가 스스로 발표한 생계비 추정치에 기초한다. 씨티은행은 1977년 10월 발행한 〈경제동향보고서〉에 50개국의 인플레이션에 대한 조사를 발표했다. 1976년 수치에서 서독이 가장 좋은 기록을 보였는데, 서독 마르크화조차도 지난 10년 동안 구매력의 35%를 잃었음을 보여준다. 스위스 프랑화는 40%를 잃었고, 미국 달러화는 43%를, 프랑스의 프랑화는 50%, 일본의 엔화는 57%, 스웨덴의 크로네화는 47%, 이탈리아 리라화는 56%를 잃었고, 영국 파운드화는 61%를 잃었다. 남미 국가들은 더욱 심각한데, 브라질의 크루제이루화가 89%를 잃었고, 우루과이, 칠레, 아르헨티나의 페소화는 지난 10년 동안 99% 이상의 가치를 잃어버렸다.

최근 1~2년만 살펴보면 세계통화의 가치하락은 비교적 완만했다. 1977년 미국 달러화는 연 6% 하락했고, 프랑스 프랑화는 8.6%, 일본 엔화는 9.1%, 스웨덴 크로네화는 9.5%, 영국 파운드화는 14.5%, 이탈리아 리라화는 15.7%, 그리고 스페인 페세타화는 17.5% 가치가 하락했다. 중남미의 경우 1977년 브라질 통화는 연 30.8%, 우루과이의 통화는 35.5%, 칠레의 통화는 53.9 그리고 아르헨티나의 통화는 65.7% 하락했다.

이러한 화폐의 가치하락이 국가경제에 어떠한 혼란을 초래했을지, 그 안에 살고 있는 수백만 명의 주민이 어떠한 고통을 겪어야 했었는지는 독자들의 상상에 맡기겠다.

앞서 지적했듯이, 그 자체가 인간 고통의 원인인 인플레이션은 대부분 정부의 경제개입 정책의 결과였다. 실제로 정부의 개입은 의도치 않게 이 책의 기본 주제를 설명하고 강조해줬다. 정부 간섭은 특정 집단에 즉각적인 혜택을 주리라는 가정으로 실행됐지만, 정책 제정자들은 정부 간섭의 이차적 결과에 주의를 기울이지 않았다. 즉, 그들은 장기적으로 모든 집단에 어떤 영향이 미칠지 고려하지 못했다.

이 책이 30년 전에 알려주고자 했던 메시지는 그 어디에서도 정치인들에게 전혀 받아들여지지 않은 것처럼 보인다.

이 책의 각 장을 순차적으로 살펴보면, 초판에서 비난했던 정부 개입이 아직도 계속 집요하게 추구되고 있음을 발견할 수 있다. 모든 정부는 여전히 자신들의 잘못된 정책으로 야기된 실업률을 공공사업으로 치유하려고 애쓰고 있다. 또 이를 위해 그 어느 때보다 무겁고 많은 세금을 부과하고 있다. 그리고 여전히 신용확대를 권장한다. 대부분은 여전히 완전고용을 최우선 목표로 삼고 있다. 계속해서 수입 쿼터와 보호관세를 부과하고 있다. 자국의 통화를 훨씬 더 평가절하함으로써 수출

252

을 늘리려고 노력한다. 농부들은 아직도 패리티가격을 보장받기 위해 시위하고 있다. 정부는 여전히 수익성 없는 산업에 특별한 장려금을 제공한다. 그들은 여전히 특정 상품의 가격을 안정시키기 위해 노력하고 있다.

통화를 과도하게 증가시켜 상품 가격을 올리면서, 정부는 민간 부문의 생산자, 판매자, 부당 이득자 때문에 높은 가격이 형성된다고 지속적으로 비난한다. 새로운 원유와 천연가스의 탐사가 필요한 시점에 탐사를 방해하기 위해 원유와 천연가스에 최고가격을 부여하거나 일반적인 가격 및 임금 통제, 또는 감시를 지속한다. 임대료 규제가 초래하는 명백한 폐해에도 불구하고 계속 임대료를 규제하고 있으며, 최저임금이 초래하는 만성적인 실업에도 불구하고 최저임금을 계속 유지할 뿐만 아니라 심지어 그 수준을 계속 높여나가고 있다. 또한 계속해서 노동자들이 의무적으로 조합원으로 가입하게 하고, 대규모 시위나 다른 형태의 압력을 가할 수 있게 하고, 고용주가 그러한 노동조합과 '선의를 갖고 단체협상을 해야 한다'는 노동조합의 강요에 최소한 어느 정도 양보해야 하는, 즉 노동조합에 특권과 면책을 제공하는 법을 만들고 있다.

이 모든 조치는 노동자를 돕기 위한 의도를 지니고 있다. 그러나 그 결과는 다시 한번 실업을 증가시키고 총임금을 낮춘다.

대부분의 정치인은 이윤의 필요성을 계속 무시하고, 평균이윤이나 총이윤을 과대평가하고, 어떠한 상황이든 평균 이상의 이익을 비난하며, 과도한 세금을 부과하고, 때로는 이윤의 존재 자체를 개탄하기까지 한다. 반자본주의적 사고방식이 그 어느 때보다 깊이 내재돼 있는 것

같다. 경기침체가 발생할 때마다 정치권에서는 불충분한 소비지출을 그 원인으로 본다. 그들은 더 많은 소비자 지출을 장려하는 동시에 저축과 투자에 더 많은 불이익을 만들어서 저축과 투자 의욕을 저해한다. 이미 살펴봤듯, 오늘날 그들의 주된 정책은 인플레이션을 유발하거나 가속화한다. 그 결과 오늘날 역사상 최초로 금, 은본위제를 택하는 국가가 하나도 없으며, 사실상 모든 국가는 만성적으로 평가절하되는 종이 화폐를 발행하여 자국민을 속이고 있다.

산더미처럼 무수한 정부간섭의 형태에 새로 추가된 것이 있는데 한번 살펴보도록 하자. 바로 요즘 미국에서뿐만 아니라 세계적으로 나타나고 있는 '사회' 프로그램인데, 일단 시작되면 완전히 통제불능이 돼버린다. 대표적인 예가 미국의 사회보장제도인데, 이미 간단히 살펴봤지만 조금 더 자세히 알아보겠다.

최초의 연방사회보장법은 1935년에 통과됐다. 그 법의 제정 이면에는 사람들이 일하는 동안에 저축을 하지 않는다는 이론이 있었고, 그래서 그들이 나이 들어 일할 수 없게 됐을 때 충분한 보유자산이 없어서 문제가 발생한다는 것이었다. 입안자들은 이 문제를 해결하기 위해 고용주와 고용인이 절반씩 부담하는 강제보험을 만들어 노동자를 가입시켜서 65세 혹은 그 이후의 나이에 은퇴할 때 충분한 연금을 받을 수 있게 한다는 방법을 생각해냈다. 사회보장제도는 엄격한 보험계리 원리에 입각해 전적으로 자기 자본으로 운영되는 보험이다. 적립된 자금은 향후 만기 시 청구와 지불을 하기에 충분하도록 운영돼야 한다.

하지만 사회보장제도는 결코 그렇게 운영되지 않았다. 지급준비금은 서류상에만 존재했다. 정부는 사회보장세가 들어오는 대로 일반경비나 연금을 지급하는 데 지출해버렸고, 1975년 이후 연금지급액은 사회보장세 수입을 초과했다.

그럼에도 의회는 연금지급액을 인상하고 보험혜택을 확대하면서 새로운 '사회보험'을 계속 추가했다. 1965년 어느 시사평론가는 의료보험이 제정되고 몇 주 후에 이렇게 지적했다. "과거 일곱 번의 총선 때마다 매번 새로운 사회보험이 제정됐다."

인플레이션이 진행됨에 따라 사회보장 혜택은 비례적인 수준보다 훨씬 더 빠르게 늘어났다. 현재의 복리후생을 미래의 비용으로 전가하는 것은 전형적인 정치적 계략이다. 그러나 그 미래는 항상 반드시 도래했고, 몇 년 후 의회는 다시 한번 노동자와 고용주 모두에게 부과되는 세금을 인상해야 할 것이다.

세율뿐 아니라 세금 징수금액도 지속적으로 인상됐다. 1935년 최초의 법안에서 사회보장세가 부과되는 근로소득 한도는 3,000달러에 불과했고 초기 세율은 매우 낮았다. 1965년에는 6,600달러의 근로소득에 대해서만 고용주와 피고용자가 절반씩 부담하여 4.4%를 납부하였으나, 1977년에는 1만 6,500달러까지 근로소득의 11.7%를 납부해야 했다. (이는 1960년에서 1977년 사이 572%의 세금이 증가한 것이고, 매해 세금이 복리로 12%씩 증가된 것과 같다. 그리고 더욱더 높아질 예정이다.)

1977년 초 사회보장제도가 지급해야 할 부채는 공식적으로 4조 1,000억 달러로 추산된다.

오늘날 사회보장제도가 정말로 보험 프로그램인지 아니면 복잡하고 일방적인 구제시스템인지 아무도 말할 수 없다. 현재 연금 수혜자의 대부분은 자신이 과거에 납부한 사회보장세를 통해서 연금을 받고 있다고 확신한다. 그러나 어떠한 민간 보험사도 사회보장제도에 따라 과거에 납부한 세금, 즉 보험료로 현재의 연금 수준을 지급할 수 없다. 1978년 초 저임금 노동자들이 은퇴하면 그들은 일반적으로 직장에서 번 돈의 약 60%를 매달 연금으로 받는다. 중산층 노동자는 약 45%를 받는다. 예외적으로 높은 임금을 받는 사람들의 경우 그 비율은 5% 또는 10%로 떨어질 수 있다.

그러나 사회보장제도가 구제를 위한 제도로 여겨진다면, 이미 최고 임금을 받고 있는 사람들이 가장 높은 달러 혜택을 받기 때문에 매우 이상한 일이다.

오늘날 사회보장제도는 여전히 신성불가침이다. 현재 받는 연금뿐 아니라 미래에 받기로 약속된 연금을 줄이거나 축소하자는 제안은 모든 국회의원에게 정치적 자살행위로 간주된다. 미국의 사회보장제도는 그것이 국가적인 구제제도건, 재분배 제도건 또는 보험제도건 일단 제정되면 완전히 통제불능의 상태로 운영되는 경향이 있는 무서운 상징으로 여겨진다.

오늘날 우리가 직면하고 있는 주요 문제는 경제문제가 아니라 정치적인 문제다. 분별 있는 경제학자들은 무엇을 해야 하는지에 대해 상당한 합의를 봤다. 사실상 부와 소득을 재분배하려는 모든 정부의 시도는 생산적인 동기를 위축시키고 전반적인 빈곤으로 이어지는 경향이 있다. 폭력과 사기를 금지하는 법체계를 만들고 시행하는 것은 정부의 바람직한 영역이다. 그러나 구체적인 경제개입은 자제해야 한다. 정부의 주요한 경제적 기능은 자유시장을 장려하고 보존하는 것이다. 알렉산더 대왕이 철학자 디오게네스를 찾아가 그를 위해 무엇을 해줄지 물었을 때 디오게네스는 "네, 태양이 가려지지 않도록 조금만 비켜서주십시오"라고 대답했다고 한다. 모든 국민에게는 정부에 이렇게 요청할 권리가 있다.

전망은 어둡지만 완전히 희망이 없는 것은 아니다. 여기저기서 구름의 틈을 감지할 수 있다. 점점 더 많은 사람들이 정부가 먼저 다른 사람이나 그들 자신으로부터 빼앗지 않고는 아무것도 줄 수 없다는 사실을 알아가고 있다. 선택된 집단에 특혜를 제공한다는 것은 그저 세금의 증가 또는 재정적자, 인플레이션의 증가를 의미한다. 그리고 인플레이션은 결국에는 생산을 왜곡시키고 혼란스럽게 한다. 일부 정치인은 이를 인식하기 시작했고, 그들 중 몇몇은 그것을 명확하게 주장하고 있다.

또한 학자들 사이에서도 변화의 조짐이 뚜렷하다. 케인스 학파와 뉴딜정책 지지자들은 천천히 후퇴하고 있는 듯하다. 보수주의자, 자유주의자, 그리고 그 외 자유기업 옹호자는 자신의 의견을 점점 더 솔직하고 분명하게 표현하고 있다. 그리고 젊은이들 사이에서는 오스트리아 학파 경제학들이 빠르게 성장하고 있다.

현재의 조치와 추세로 인한 피해가 돌이킬 수 없게 되기 전에 공공정책이 반전될 수도 있는 가능성은 확실히 존재한다.

◥ 주

1   Morris R. Cohen, *Reason and Nature : An Essay On The Meaning Of Scientific Method* (Harcourt Brace and Company, 1931), p.x.

2   Gunnar Myrdal, *The Challenge of World Poverty* (New York: Pantheon Books, 1970), pp. 400~401 및 여러 페이지.

3   *New York Times*, 1946년 1월 2일. 물론 면적제한계획 자체가 면적당 수확량 증가에 도움이 됐다. 첫째, 농부들이 생산성이 가장 낮은 땅에서 경작하기를 포기했기 때문이고 둘째, 생산품의 가격이 정부지원에 의해 높게 유지되어 면적당 비료의 사용량을 늘려도 수익성 있었기 때문이다. 그러므로 정부의 면적제한계획은 대부분 자멸적이었다.

4   댄 H. 휠러Dan H. Wheeler의 증언, 유연탄부서Bituminous Coal Division 책임자, 1937년 유연탄법 연장에 대한 공판.

5   면화 프로그램은 특히나 교훈적이었다. 1956년 8월 1일 기준으로, 면화 보유량은 1년 동안의 정상적인 생산량이나 소비량보다 많은 1,452만 9,000가마라는 엄청난 수치를 기록했다. 이에 대처하기 위해 정부는 재배업자들로부터 수확물 대부분을 수매하고 그 즉시 할인된 가격으로 재판매하기로 프로그램을 변경했다. 미국 면화를 세계시장에 다시 판매하기 위해, 처음에는 1파운드에 6센트, 그리고 1961년에는 8.5센트의 면화 수출 보조금을 지급했다. 이로써 원면의 보유량을 줄이는 데는 성공했다. 그러나 새로운 프로그램은 납세자들에게 손실을 끼쳤을 뿐만 아니라 미국산 직물은 국내외 시장 양쪽에서 외국산 직물에 비해 심각한 비교열위를 점하게 됐다. 미국 정부가 미국 산업을 희생시키면서 외국 산업에 보조금을 지급한 셈이다.

하나의 바람직하지 못한 결과를 피하려다가 더 나쁜 결과에 처하게 되는 것이 전형적인 정부 가격통제의 결과다.

6   그러나 정부의 우선순위 결정, 할당이나 배급 등은 피할 수 없을지 모르지만, 정부의 가격통제는 특히나 전면전 상황에서 해로울 가능성이 높다는 것이 나의 결론이다. 최고가격제가 작동하려면 일시적으로나마 배급제가 필요하지만, 그 반대는 사실이 아니다.

7   1938년, 미국 모든 제조업의 평균임금이 시간당 63센트였을 때, 의회는 법정 최저임금을 시간당 25센트로 정했다. 1945년, 공장 평균임금이 시간당 1.02달러로 올랐을 때, 의회는 법정 최저임금을 시간당 40센트로 인상했다. 1949년, 공장 평균임금이 시간당 1.40달러로 올랐을 때, 의회는 최저임금을 다시 시간당 75센트로 인상했다. 1955년, 평균임금이 시간당 1.88달러까지 올랐을 때, 의회는 법정 최저임금을 시간당 1달러로 인상했다. 1961년 공장 평균임금은 약 2.30달러로, 최저임금은 1961년에 1.15달러, 1963년에 1.25달러로 인상됐다. 최저임금이 1967년 1.40달러, 1968년 1.60달러, 1974년 2.00달러, 1975년 2.10달러, 그리고 1976년 모든 민간 비농업 업무의 평균임금이 4.87달러일 때 최저임금은 2.30달러로 인상됐다. 그 후 1977년, 비농업 분야의 실제 시간당 평균임금이 5.26달러였을 때, 최저임금은 시간당 2.65달러로 인상됐고, 그 후 3년마다 계속해서 인상됐다. 이처럼 시간당 평균임금이 더 높아지면 최저임금 옹호자들은 최소한 그에 상응해 법정 최저임금을 인상해야 한다고 판단한다. 이 법안은 시장임금률이 크게 인상된 데 따른 결과지만, 반대로 최저임금법이 시장임금을 인상한 것이라는 근거 없는 믿음은 계속 강화되고 있다.

8   A. C. Pigou, *The Theory of Unemployment* (1933), p. 96.

9   Paul H. Douglas, *The Theory of Wages* (1934), p. 501.

10   Cf. Frank H. Knight, Risk, *Uncertainty and Profit* (1921) 참조. 하지만 순자본 축적이 발생한 기간에는 이전 투자에서 전반적인 순이익도 있었으리라고 강하게 추정된다.

11   핵심만 남기자면 이는 케인스주의 이론이다. 다음을 통해 나는 그 이론을 자세히 분석했다. *The Failure of the "New Economics"* (New Rochelle, N.Y.: Arlington House, 1959).

12   이 분석에 관심이 있는 독자라면 다음을 참고하기 바란다. B. M. Anderson, *The Value of Money* (1917; new edition, 1936); Ludwig von Mises, *The Theory of Money and Credit* (American editions, 1935, 1953); Henry Hazlitt, *Inflation Crisis, and How to Resolve It* (New Rochelle, N. Y.: Arlington House, 1978).

13 다음을 참조하라. John Stuart Mill, *Principles of Political Economy* (Book 3, Chap. 14, par. 2); Alfred Marshall, *Principles of Economics* (Book VI, Chap. XIII, sec. 10); Benjamin M. Anderson, "A Refutation of Keynes' Attack on the Doctrine that Aggregate Supply Creates Aggregate Demand", *Financing American Prosperity by a symposium of economists*; Henry Hazlitt, *The Critics of Keynesian Economics* (New Rochelle, N.Y.: Arlington House, 1960).

14 Karl Rodbertus, *Overproduction and Crises* (1850), p. 51.

15 역사적으로 20%는 매년 (소비재를 제외한) 자본형성에 투입되는 국민총생산의 대략적인 총액 비중을 나타낸다. 그러나 자본소비를 고려하면 연간 순저축률은 12%에 가깝다. George Terborgh, *The Bogey of Economic Maturity* (1945) 참조. 1977년 민간투자 총액은 공식적으로 국민총생산의 16%로 추산됐다.

16 현재 이 주제에 대한 경제학자 사이의 다양한 견해 차이는 단지 어떻게 정의하느냐에 따른 결과일 뿐이다. 저축과 투자는 동일하게 정의될 수 있기 때문에, 반드시 같아야 한다. 여기서 나는 저축을 화폐의 관점에서, 투자를 상품의 관점에서 정의하기로 결정했다. 이는 단어의 일반적인 사용과 대략 일치하지만, 일관성은 없다.

17 이 오류에 대한 통계적 반박은 다음을 참조하기 바란다. George Terborgh, *The Bogey of Economic Maturity* (1945). 조지 터보 박사가 반박했던 '정체론자들stagnationists'은 비슷한 학설을 주장하는 갤브레이스주의자들Galbraithians에게 계승됐다.

18 George Santayana, *The Realm of Truth* (1938), p. 16.

19 Charles D. Hobbs, *The Welfare Industry* (Washington, D.C.: Heritage Foundation, 1978).

- 경제학에 대해 더 알고 싶다면 중급 정도의 분량과 난이도를 지닌 도서에 관심을 갖기 바란다. 오늘날 이러한 욕구를 완전히 충족시킬 단 한 권의 책은 없지만, 여러 권을 함께 보면 도움을 얻을 수 있다.

  - Faustino Ballvé, *Essentials of Economics* (Irvington-on-Hudson, N.Y.: Foundation for Economic Education). 원칙과 정책을 간략하게 요약한 짧지만(126쪽) 훌륭한 책이다.

  - Percy L. Greaves, *Understanding the Dollar Crisis* (Belmont, Mass.: Western Islands, 1973).

  - Bettina Bien Greaves, *Free Market Economics* (Foundation for Economic Education).

- 완벽한 이해를 목표로 하고, 이에 대한 준비가 됐다고 느끼는 독자라면 다음을 읽어보기 바란다.

  - Ludwig von Mises, *Human Action* (Chicago: Contemporary Books, 1949, 1966). 이 책은 경제학의 논리적 통일성과 정확성을 이전의 어떤 작품보다도 확장했다.

  - Murray N. Rothbard, *Man, Economy, and State* (Mission, Kan.: Sheed, Andrews and McMeel, p. 1962, 987). 위 책이 출판되고 13년 후 미제스의 학생이 출간한 책이다. 이 책은 독창적이고 이론을 꿰뚫는 많은 자료를 포함하고 있으며 설

명 역시 훌륭하고 명료하다. 그리고 어떤 면에서는 이 책의 구성이 미제스의 위대한 작품보다 교과서 용도로는 더 적합하다.

● 특별한 경제 주제를 간단하게 논하는 짧은 책으로는 다음을 추천한다.
  • Ludwig von Mises, *Planning for Freedom* (South Holland, 111.: Libertarian Press, 1952).
  • Milton Friedman, *Capitalism and Freedom* (Chicago: University of Chicago Press, 1962).
  • Murray N. Rothbard, *What Has Government Done to Our Money?* (Santa Ana, Calif.: Rampart College, p. 1964, 1974).
  • Henry hazlitt, *The Inflation Crisis, and How to Resolve It* (New Rochelle, N.Y.: Arlington House, 1978).

● 이 책과 비슷한 관점에서 현재의 이념과 발전을 논하는 최근의 작품으로는 다음을 추천한다.
  • Henry hazlitt, *The Failure of the "New Economics": An Analysis of the Keynesian Fallacies* (Arlington House, 1959).
  • F. A. Hayek, *The Road to Serfdom* (1945).
  • F. A. Hayek, *Monumental Constitution of Liberty* (Chicago: University of Chicago Press, 1960).
  • Ludwig von Mises. *Socialism: An Economic and Sociological Analysis* (London: Jonathan Cape, 1936, 1969). 이 책은 집단주의 교리에 대해 지금껏 쓰인 책 중 가장 철저하고 충격적이다.

● 다음 책도 놓쳐서는 안 된다.
  • Frederic Bastiat, *Economic Sophisms* (ca. 1844), 특히 그의 에세이 "What Is Seen and What Is Not Seen"을 간과해서는 안 된다.

● 경제고전을 공부하는 데 관심이 있다면 시간의 역순으로 살펴보는 것이 바람직하다고 생각한다. 그 순서로 주요 작품을 초판 날짜와 함께 소개하면 다음과 같다.
  • Philip Wicksteed, *The Common Sense of Political Economy* (1911).
  • John Bates Clark, *The Distribution of Wealth* (1899).
  • Eugen von Böhm-Bawerk, *The Positive Theory of Capital* (1888).

- Karl Menger, *Principles of Economics* (1871).
- W. Stanley Jevons, *The Theory of Political Economy* (1871).
- John Stuart Mill, *Principles of Political Economy* (1848).
- David Ricardo, *Principles of Political Economy and Taxation* (1817).
- Adam Smith, *The Wealth of Nations* (1776).

● 경제학은 다양한 방향으로 확장되고 있다. 화폐와 은행, 무역과 외환, 조세와 공공 금융, 정부통제, 자본주의와 사회주의, 임금과 노사관계, 이자 및 자본, 농업경제학, 임대, 이윤, 시장, 경쟁, 독점, 가치와 효용, 통계, 경기순환, 부와 빈곤, 사회보험, 주택, 공공사업, 수리경제학, 특수산업과 경제사의 연구 같은 특정 전문 분야에 대해 쓰인 수많은 책이 있다. 그러나 기본적인 경제원리 및 모든 경제 요인과 힘의 복잡한 상호관계를 확실히 파악하지 않는 한 어느 누구도 이처럼 전문화된 분야를 제대로 이해하지 못할 것이다. 일반경제학 도서를 읽음으로써 이 일을 해낸다면, 그가 자신의 특별한 관심 분야에서 올바른 책을 찾으리라고 믿는다.

보이는 경제학
안 보이는 경제학

초판 1쇄 인쇄 2020년 1월 23일
초판 2쇄 발행 2021년 4월 1일

지은이 | 헨리 해즐릿
옮긴이 | 김동균

펴낸곳 | (주)DKJS
출판등록 | 2009년 11월 18일 (제2009-000323호)
주소 | 서울특별시 강남구 강남대로 84길 23 1408-2호
문의 전화 | (02)552-3243   **팩스** | (02)6000-9376
이메일 | information@dkjs.com

ISBN 979-11-959777-4-1 (03320)

이 도서의 국립중앙도서관 출판예정도서목록(CIP)은 서지정보유통지원시스템 홈페이지
(http://seoji.nl.go.kr)와 국가자료종합목록 구축시스템(http://kolis-net.nl.go.kr)에서
이용하실 수 있습니다. (CIP제어번호 : CIP2019052525)